AF562177

# HUMBLES REMARQUES

SOUMISES PAR

M. C. MARSUZI DE AGUIRRE

A S. A. I.

# Mgr LE PRINCE NAPOLÉON

SUR LA

PARTIE HISTORIQUE DU DISCOURS QU'IL A PRONONCÉ AU SÉNAT

Dans la séance du 1er mars 1862

Troisième édition

PARIS

CHARLES DOUNIOL, LIBRAIRE-ÉDITEUR

Rue de Tournon, 29

1863

# HUMBLES REMARQUES

SOUMISES PAR

M. C. MARSUZI DE AGUIRRE

A S. A. I.

# Mgr LE PRINCE NAPOLÉON

SUR LA

PARTIE HISTORIQUE DU DISCOURS QU'IL A PRONONCÉ AU SÉNAT

**Dans la séance du 1er mars 1863**

---

Troisième édition

---

PARIS

CHARLES DOUNIOL, LIBRAIRE-ÉDITEUR

Rue de Tournon, 29

—

1863

# AVERTISSEMENT

J'ai toujours pensé qu'à moins de porter un de ces noms qui par leur grande renommée s'imposent à l'attention générale, il y aurait présomption à mêler le sien à l'examen des grandes questions qui surgissent dans l'ordre social. Celle relative à la défense du pouvoir temporel du saint-siége est de ce nombre sans conteste, car on ne saurait imaginer rien de plus important, rien de plus respecté et de plus respectable sur la terre.

Certes, à quiconque a obtenu de Dieu assez d'intelligence pour l'entreprendre, assez de cœur pour, l'ayant entreprise, mépriser les sarcasmes des sceptiques et les menées ténébreuses des conspirateurs, cette défense incombe comme un devoir absolu, mais comme un devoir qu'on doit accomplir modestement le plus qu'on peut, surtout sans y chercher un moyen d'attirer sur une obscure personnalité une partie des rayons, fût-elle la moindre, qui jaillissent éblouissants du trône sacré des successeurs de Pierre.

Semblable réserve discrète à mon avis non modeste, qui m'a empêché de signer cet opuscule, qui lui a peut-être valu l'accueil d'où dérive la nécessité de cette nouvelle édition, n'a pas été comprise ou a été dénaturée par les adversaires du principe en cause. A les entendre, j'aurais eu honte, j'aurais eu peur, et les plus adroits sinon les moins malveillants, s'en sont fait une raison pour se taire sur les erreurs que j'ai signalées, sur l'évidence de leurs conséquences, redressements et conséquences écrasants pour les doctrines qu'ils professent, et qui relèguent, à n'en pas douter, calomnies et calomniateurs dans une place peu enviable du livre de l'histoire.

Hésiter en pareilles circonstances aurait été donner une base aux accusations et favoriser les subterfuges de l'impuissance réduite aux abois. Je n'hésite donc pas, et après avoir placé mon nom en tête de ces pages, j'attends, tranquille, que, le prétexte du silence n'existant plus, on le rompe, que les contradictions se substituent au dédain et aux insinuations artificieuses, et qu'en signalant en quoi, par excès de zèle ou d'ignorance, j'ai dénaturé la vérité, on la fasse sortir du débat glorieuse et pure, ainsi qu'elle devrait se manifester invariablement, ainsi que je la poursuis et que je la désire.

Puisse ma franchise appeler celle de mes adversaires; puisse une discussion approfondie, dont l'issue n'est pas douteuse pour moi, mettre plus que jamais à découvert le but des efforts acharnés des soi-disant innovateurs, et, les montrant tels qu'ils sont, prouver une fois de plus aux indifférents que les attaques dirigées contre le pouvoir temporel du chef de l'Eglise, contre une propriété loyale, consentie par les peuples, consacrée par le respect du monde entier, par une possession dix fois séculaire, ont un double danger : d'abord celui d'introduire dans les mœurs le mépris de la justice et la spoliation par l'abus de la force, ensuite de faire disparaître le seul boulevard qui reste encore debout pour protéger la société constituée par l'Evangile du Christ, et les droits des individus tels que le renversement du matérialisme païen et dix-huit siècles de rudes et sanglantes épreuves les ont inscrits dans la loi commune, les ont rendus chers aux hommes et indispensables à leur prospérité.

# HUMBLES REMARQUES

SOUMISES A S. A. I.

# Mgr LE PRINCE NAPOLÉON

« La seule différence qu'il y ait entre
« celui qui écrit l'histoire et celui qui
« écrit des romans, c'est que le premier
« peint les caractères d'après les faits, et
« que le second imagine des faits d'après
« des caractères supposés. »

(CONDILLAC.)

## I

MONSEIGNEUR,

Le grand bruit qui s'est fait autour du discours que vous avez prononcé tout récemment au Sénat, l'approbation sans réserve des uns, le blâme motivé des autres, l'émotion générale, ne permettaient pas à la froide raison de faire entendre d'aussitôt sa voix, ni à la critique impartiale de déterminer la valeur de vos affirmations et de vos arguments après les avoir dégagés du brillant entourage que leur prêtent l'art de votre parole et les splendeurs de votre rang. Déjà les premières agitations se calment ; ce qui hier a été la surprise et la consommation d'un fait, n'est plus aujourd'hui que de l'histoire, tombe par conséquent dans le domaine de la discussion et peut d'autant mieux, ce me semble, être librement discuté, que les doctrines professées par vous font espérer qu'en appréciant la liberté, même chez autrui, vous saurez en supporter l'exercice, dût-il, en vengeant le droit et en rétablissant la vérité, s'attaquer à vous, à vos idées, à vos aspirations et vous déplaire.

Du reste, Monseigneur, une juste louange vous est due, et j'aime à l'inscrire en tête de ces pages. Vous ne vous enveloppez pas de ténèbres factices, vous ne vous placez pas dans les nuages, vous ne caressez pas les équivoques et les faux-fuyants. Vous présumez beaucoup de votre puissance, mais la franchise que vous mettez à la proclamer peut vous servir d'excuse si vous l'exagérez. La souveraineté temporelle du saint-siége est condamnée par vous sans appel ; cette souveraineté qui pour se défendre ne possède pas de gros bataillons ou des canons rayés, qui n'est pas entourée des bastions de Sébastopol et de Mantoue, ne vous inspire aucun respect et vous semble commode à renverser. Mieux vaut ainsi : la catholicité devra vous être reconnaissante de ce que la solution du problème qui trouble sa conscience est posée catégoriquement par vos paroles, c'est-à-dire par des paroles descendant des marches du trône, sorties de la bouche du chef avoué de la démocratie, est posée, dis-je, sur un terrain où les accommodements deviennent impossibles, où les plus timorés et les plus pacifiques auront à se convaincre que dans cette lutte fatale il ne leur reste de ressources que dans une énergie à toute épreuve, qu'on leur déclare une guerre à mort, et que s'ils aspirent à conserver intacts leurs principes et leurs croyances, il faudra lutter et combattre, combattre et lutter jusqu'à ce qu'ils soient assurés du triomphe ou qu'ils demeurent sur le champ de bataille opprimés et vaincus, mais non méprisés et sans honneur.

Mon projet n'est pas de revenir sur une thèse que les écrivains et les orateurs les plus illustres ont si énergiquement et si éloquemment débattue.

Comme homme d'État, je crois que la propriété de ses domaines est garantie au saint-siége par les traités et par le droit des gens.

Comme catholique, je crois leur possession inséparable de l'indépendance spirituelle nécessaire au chef de ma religion.

Comme Italien, — car celui qui ose s'adresser à vous est Italien, Monseigneur, — je crois que leur autonomie est et restera un bienfait pour mon pays, ne fût-ce que pour le préserver de la dégradation et du suicide vers lesquels des prétentions avides, des présomptions immodérées, une haine farouche et inepte s'efforcent de le précipiter.

Vous l'avez dit, les convictions sont faites, et pas plus que vous n'avez la pensée de modifier celles qui ont pris racine dans nos cœurs, je n'ai pas la prétention de changer les vôtres. Elles doivent d'ailleurs être bien profondes, bien sincères, bien désintéressées, ces convictions, si vous, dont l'élévation des sentiments et la générosité de caractère sont reconnues de tous, n'avez pas hésité à les professer, quoiqu'il fût question de porter, en les professant, un coup fatal à l'hôte qui, aux jours de sa puissance, a couvert de sa protection bienfaisante vos malheurs et ceux de votre famille, à la main qui a peut-être fait davantage, ce que je vous laisse à juger d'après des souvenirs que vous trouverez sans doute en vous donnant la peine de les évoquer, car il est impossible qu'ils soient entièrement effacés de votre mémoire.

Ces convictions, je les comprends; il y a mieux, en remontant à leur source, il ne m'est pas difficile de les expliquer, et, sinon de les approuver, de les faire jouir au moins de l'indulgence d'un silence opportun. Aussi mon but, je le répète, n'est pas de mettre en relief la faiblesse de la base sur laquelle elles s'appuient et les dangers des effets dont elles seraient cause en venant à prévaloir. Je ne veux pas non plus m'attaquer à la partie politique de votre discours, partie qui vous appartient en propre évidemment. Vous vous êtes constitué avec complaisance l'éditeur responsable d'un cours d'histoire dont les moindres défauts consistent en ce qu'il est maladroit au point de vue du procès qu'il tente d'instruire, malicieusement incomplet dans l'exposition des faits, inexact dans ses conclusions. Je désire vous prouver que se porter garant des écarts d'autrui est toujours dangereux, et que si à l'aide de cette science d'emprunt vous avez pu éblouir l'auguste assemblée sur l'opinion de qui vos talents oratoires voulaient faire impression, vous n'en devrez pas moins éternellement regretter d'avoir acheté une satisfaction passagère d'amour-propre au grand dommage de votre dignité et de la loyauté qui est dans votre nature.

## II

Vous vous êtes écrié : « Oui, j'aime la liberté des peuples, et j'ai craint de me laisser entraîner par mes propres sentiments ; j'ai donc cherché mes arguments non dans mon propre fonds, non chez les historiens qui ont parlé de la papauté, non chez les publicistes, non ! je les ai cherchés dans les épanchements secrets de la diplomatie. C'est un travail dont je m'occupe depuis longtemps ; je l'ai fait remonter un peu haut, afin d'avoir un tableau complet à vous présenter. Je me suis reporté jusqu'aux dépêches que les ambassadeurs de la France à Rome écrivaient aux souverains de la branche aînée des Bourbons avant 1789. J'ai voulu vous prouver ainsi que je ne m'adressais pas à vos passions, mais à votre raison. » Puis à la suite de cet exorde habile, vous vous êtes livré à l'analyse sur laquelle j'ai pris à charge de revenir, et cette analyse achevée, vous avez ajouté en concluant : « J'ai voulu établir par ces citations trois choses, savoir : par les citations antérieures à 1790, que le gouvernement des États romains a été jugé exécrable de tout temps ; par celles empruntées à l'époque impériale, que l'empereur Napoléon considérait comme un malheur la réunion du pouvoir temporel et du pouvoir spirituel sur la même tête; enfin par celles trouvées dans les archives diplomatiques de la restauration, que cette idée d'unité, loin d'être une idée de nos jours, une idée d'ambition personnelle et de conquête, germait dans toutes les têtes et animait tous les cœurs patriotiques en Italie dès cette époque. »

## III

Permettez-moi, Monseigneur, de relever une première contradiction; vos citations ne remontent qu'à M. de Chaulnes et à l'année 1669; comment avez-vous pu dès lors affirmer d'avoir établi par elles que le *gouvernement romain a été jugé exécrable de tout temps?* Il vous fallait doublement y prendre garde, car l'exagération, déjà fâcheuse en elle-même, constitue ici une hérésie historique que les écrivains protestants et les encyclopédistes, quoique passablement hardis et sans scrupules, n'ont pas osé produire, forcés qu'ils étaient de reconnaître les bienfaits dont la civilisation est redevable au saint-siége.

Soutiendrez-vous qu'il n'a pas été dans votre intention de contester le bien que la papauté a produit à la société en général et que vous n'avez eu en vue que le gouvernement des États soumis à la domination directe des pontifes-rois? Ce serait encore une erreur, et, pour ne pas me restreindre au témoignage d'un de vos docteurs de Voltaire qui, en parlant de Rome moderne, a écrit quelque part :

> Les citoyens en paix, *sagement gouvernés*,
> Ne sont pas conquérants, et sont plus fortunés;

je m'empresse de vous renvoyer aux relations adressées sur Rome au sénat de Venise, par les ambassadeurs GIOVANNI GRITTI et BADOER (1589 et 1591), au *Voyage de Montaigne* (II, 488), aux *Notizie storiche de la città d'Ancona del* SARACINI (Roma, 1665, p. 362), aux *Quæstiones Forcianæ* de LANDI (Naples, 1536), livre plein de renseignements sur l'état de l'Italie à cette époque, et à une foule d'autres ouvrages imprimés ou inédits qu'il serait fastidieux d'inscrire, mais que je suis prêt à nommer si vous en manifestiez le moindre désir.

En parcourant ces documents, vous pourriez vous convaincre que « de Macerata à Tolentino, à la fin du XVIe siècle, le voyageur traversait les plus admirables campagnes, — que coteaux et plaines, tout était surchargé de grains, — que pendant plus de trente milles, on n'aurait pu trouver un pied de terrain inculte, — qu'on restait étonné à la vue de tant de prospérité, et qu'il paraissait impossible que l'on parvînt à recueillir toute cette récolte et plus encore à la consommer. »

Vous y apprendriez que la Romagne, « produisant annuellement 40,000 stères de grains au delà de ses besoins, après qu'on en avait pourvu les contrées montagneuses d'Urbin, de la Toscane et du Bolonais, on en expédiait souvent encore 35,000 stères par mer à Venise, et que les domaines de Viterbe et le Patrimoine sur l'autre mer fournissaient Gênes et quelquefois Naples. »

Vous y apprendriez qu'en l'année 1589, par exemple, on évaluait la seule exportation des grains de l'État de l'Église à une valeur de 500,000 scudi par an, et qu'en 1549, on trouvait à Ancône « deux cents familles grecques bien établies et possédant une église, — que les Arméniens, les Turcs, les Florentins, les Lucquois, les Vénitiens, les Juifs d'Orient et d'Occident et les caravanes du Levant, affluaient dans le port, — que les loyers des maisons montèrent, — le nombre des médecins et des instituteurs fut augmenté et leurs traitements élevés en proportion ; » enfin qu'au commencement du XVIIe siècle, il n'était pas rare « de rencontrer dans cette ville des négociants faisant une affaire de 500,000 ducats. »

Vous n'ignorez pas, je présume, qu'au moment où la France se débattait sous les étreintes de la ligue, que l'Espagne s'épuisait dans les luttes des Pays-Bas, que l'Angleterre était en proie à l'administration arbitraire et sanglante, tantôt de Marie, tantôt d'Élisabeth, que l'Empire tombait en ruine sous les pas des hordes fanatiques suscitées et poussées par l'ambition des princes, Rome était gouvernée par Sixte V, et vous ne pouvez pas ignorer que par ce pontife l'agriculture devint florissante dans toute l'Italie ; que le commerce, les arts, les manufactures et les autres genres d'industrie y furent encouragés ; les lois observées et appliquées indistinctement ; les sciences et les lettres largement protégées, et que, malgré tant de biens réalisés, après cinq années seulement de règne, ce pape en mourant, pleuré par ses peuples, accompagné au tombeau par les bénédictions de tous les gens de bien, laissait déposés dans le château Saint-Ange plus de 20 millions d'écus en numéraire, somme énorme dans ce temps-là. Certes, si, vivant alors, on vous eût donné à choisir entre le séjour de Rome et le séjour de Paris, il est naturel d'admettre que vous n'auriez pas hésité à vous ranger sous la férule exécrable du gouvernement que vous maudissez et qu'on vous fait calomnier.

## IV

Mais j'entre dans le cœur de la question pour vous y suivre pas à pas, en commençant par M. de Chaulnes. Et à vrai dire, puisqu'il vous a plu de remonter si haut, j'aurais désiré que vos loisirs vous eussent permis d'atteindre l'année 1626. Vous auriez rencontré, dans ce cas, deux dépêches du comte de Béthune, du 23 septembre et du 28 octobre, où sont textuellement et officiellement consignées les propositions d'un pape, d'Urbain VIII, propositions qui n'auraient pas manqué de réjouir un ami aussi chaud que vous l'êtes de l'indépendance italienne, et de modifier probablement tant soit peu vos préventions : « Que le roi (Louis XIII) fasse entrer une armée en campagne... que le roi paraisse seulement à Lyon et *qu'il se déclare pour* LA LIBERTÉ DE L'ITALIE ; lui, le pape, ne tardera pas à mettre une armée en campagne et à se joindre au roi. » C'était continuer dignement la politique invariable du saint-siége, politique d'autant plus à remarquer dans les circonstances présentes qu'elle m'autorisera à vous prier de vous rendre compte de quelle manière se comportait à la même époque le duc de Savoie. Les défilés des Alpes forcés, Suse prise, la défaite du siége de Casale vous le montreront, si vous exaucez ma prière, combattant, comme tous les siens, comme toujours, à côté des ennemis de la patrie; luttant avec acharnement au profit de ceux qui la déchiraient; encourageant par sa contenance et par sa complicité le cabinet de Vienne à menacer le saint-siége, le promoteur de notre affranchissement, de la redoutable intervention de Wallenstein, et à insinuer au nonce « qu'il y avait déjà cent ans que Rome n'avait pas été pillée et qu'elle devait être beaucoup plus riche aujourd'hui qu'elle ne l'était à cette époque. » (*Lettre de Mgr Palotta*, en date du 10 août 1628.)

Ce souhait exprimé, je reviens à la dépêche où M. de Chaulnes mande à son roi « qu'il a trouvé la cour de Rome bien au-dessous de ce qu'il en attendait, et que si elle continue dans cette voie, on peut prévoir la fin de ce gouvernement, au point de vue temporel bien entendu. » Certes voilà une opinion positive, un jugement sévère que j'aurais été embarrassé de concilier avec les révélations de l'histoire, si par la réflexion il ne m'était survenu un doute. En écrivant de la sorte, l'ambassadeur de France songeait-il à signaler les fautes de l'administration intérieure des États du saint-siége, le mécontentement des peuples, les dilapidations et l'incurie du gouvernement? Non, mille fois non. Les intérêts qui en 1669 se débattaient entre Louis XIV et Clément IX étaient d'une tout autre nature, et la *mauvaise voie* de M. de Chaulnes ne se réfère évidemment qu'aux débats qui le préoccupaient et qui formaient l'objet de sa mission. Je vais préciser.

## V

L'Europe catholique, à la suite d'une lutte séculaire, en était arrivée à se séparer en deux partis ennemis : le parti autrichien et le parti français. Les forces de ces partis se balançaient entre elles, mais à la condition qu'ils conserveraient chacun leurs alliés, ce qu'ils ne parvenaient à obtenir qu'en les flattant et en les caressant à l'envi. C'est ainsi, pour citer un exemple, que la faible maison de Savoie pouvait se vendre à son grand avantage, et que son achat, quoique toujours passager et soumis aux inconvénients d'une foi incertaine, suffisait à faire pencher la balance du côté de l'acheteur.

Au milieu de ce conflit, les efforts de la papauté, puissance évidemment modératrice, ne tendaient, ne devaient tendre qu'à maintenir l'équilibre sur lequel reposait le salut de la société et même le salut des compétiteurs. En conséquence Urbain VIII fut du côté français, parce que celui-ci paraissait le plus faible. Innocent X, Alexandre VIII et, sinon Clément IX, au moins son entourage, passèrent du côté espagnol d'abord, parce que la prépondérance de la France leur paraissait avoir acquis trop de développement; ensuite parce que les deux premiers n'aimaient pas Mazarin, à qui, surtout Alexandre, ils reprochaient de s'être allié avec Cromwell et d'avoir, par des motifs tout individuels, prolongé à dessein une guerre désastreuse et cruelle. Louis XIV se sentit offensé de ce qu'il appelait une noire ingratitude, une défection injurieuse, et se promit de s'en venger par des mortifications infligées à la souveraineté temporelle du saint-siége, par des empiétements non interrompus sur les matières ecclésiastiques. L'occasion de céder aux conseils de l'orgueil et de la rancune lui fut opportunément offerte par M. le duc de Créqui, qui occupait l'ambassade de Rome.

Ici je laisserai parler Voltaire : « A peine sorti de cette petite affaire (une question de préséance avec l'Espagne) avec tant de grandeur, il (Louis XIV) en marqua encore davantage dans une occasion où *sa gloire semblait moins intéressée*. Les jeunes Français, dans les guerres faites depuis longtemps en Italie contre l'Espagne, avaient donné aux Italiens, circonspects et jaloux, l'idée d'une nation impétueuse. L'Italie regardait toutes les nations dont elle était inondée comme des barbares, et les Français comme des barbares plus gais que les autres, mais plus dangereux, qui portaient dans toutes les maisons les plaisirs avec le mépris et la débauche avec l'insulte. Ils étaient craints partout et surtout à Rome.

« Le duc de Créqui, ambassadeur auprès du pape, avait *révolté les Romains par sa hauteur;* ses domestiques, gens qui poussent toujours à l'extrême les défauts de leurs maîtres, commettaient dans Rome *les mêmes désordres que la jeunesse indisciplinable de Paris, qui se faisait alors un honneur d'attaquer toutes les nuits le guet qui veille à la garde de la ville.* »

« Quelques laquais du duc de Créqui s'avisèrent de charger, l'épée à la main, une escouade de Corses. (Ce sont des gardes du pape qui appuient les exécutions de la justice.) Tout le corps des Corses offensé et secrètement animé par don Mario Chigi, frère du pape Alexandre VII, qui haïssait le duc de Créqui, vint en armes assiéger la maison de l'ambassadeur. Ils tirèrent sur le carrosse de l'ambassadrice, qui rentrait alors dans son palais; ils lui tuèrent un page, et blessèrent plusieurs de ses domestiques. Le duc de Créqui sortit de Rome, accusant les parents du pape et le pape lui-même, d'avoir favorisé cet assassinat. Le pape différa tant qu'il put la réparation, persuadé qu'avec les Français, il n'y a qu'à temporiser, et que tout s'oublie. Il fit pendre un Corse et un sbire au bout de quatre mois, et il fit sortir de Rome le gouverneur, soupçonné d'avoir autorisé l'attentat; mais il fut consterné d'apprendre que le *roi menaçait de faire assiéger Rome, qu'il faisait déjà passer des troupes en Italie, et que le maréchal du Plessis-Praslin était nommé pour les commander*. L'affaire était devenue une querelle de nation à nation, et le roi voulait faire respecter la sienne. *Le pape, avant de faire la satisfaction qu'on demandait, implora la médiation de tous les princes catholiques; il fit ce qu'il put pour les animer contre Louis XIV;* mais les circonstances n'étaient pas favorables au pape; l'Empire était attaqué par les Turcs; l'Espagne était embarrassée dans une guerre peu heureuse contre le Portugal. La cour romaine ne fit qu'irriter le roi sans pouvoir lui nuire. *Le parlement de Provence cita le pape et fit saisir le comtat d'Avignon.* Dans d'autres temps, les excommunications de Rome auraient suivi ces outrages; mais c'étaient des armes usées et devenues ridicules; il fallut que le pape pliât; il fut forcé d'exiler de Rome son propre frère, d'envoyer son neveu, le cardinal Chigi, en qualité de légat *a latere* faire satisfaction au roi, de casser la garde corse et d'élever dans Rome une pyramide avec une inscription qui contenait l'injure et la réparation. Le cardinal Chigi fut le premier légat de la cour romaine qui fût jamais envoyé pour demander pardon. Les légats, auparavant, venaient donner des lois et imposer les décimes. Le roi ne s'en tint pas à faire réparer un outrage par des cérémonies passagères et par des monuments qui le sont aussi (car il permit quelques années après la destruction de la pyramide); mais il força la cour de Rome à promettre de rendre Castro et Ronciglione au duc de Parme, à dédommager le duc de Modène de ses droits sur Comachio, et il tira ainsi d'une insulte l'honneur solide d'être le protecteur des princes d'Italie. » (*Siècle de Louis XIV*, chap. VII.)

Ce n'est pas, Monseigneur, croyez-le bien, sans motif, que je me suis livré à cette longue citation où l'on peut savourer à l'aise un sarcasme qui doit vous être agréable à double titre, puisqu'il s'attaque sans ménagement au saint-siége et sournoisement à l'autorité royale. Je l'ai choisie de préférence parce que, ne pouvant pas vous être suspecte, elle sert on ne peut mieux à la justification de ce qui me reste à dire.

Qu'il vous plaise de remarquer l'origine de la querelle intervenue entre les Romains et les gens de l'ambassadeur. *La domesticité de cette Excellence, poussant à l'extrême les défauts de son maître, commettait dans Rome les mêmes désordres que la jeunesse indisciplinable de Paris, qui se faisait alors un honneur d'attaquer toutes les nuits le guet qui veille à la garde de la ville.* D'un côté donc les habitants de Rome disciplinés, amis du repos, et la police romaine peu disposée à tolérer les atteintes portées à la paix publique ou les insultes qu'on s'aviserait de faire subir à ses gardiens; de l'autre côté des étrangers affectant d'introduire dans une ville paisible l'indiscipline et les désordres *honorés* dans leur pays. Qui des deux est dans la *mauvaise voie administrative*, du gouvernement qui réprime de pareils écarts, ou du gouvernement qui les laisse en honneur chez lui et qui prend les armes pour les soutenir chez les autres? Poser cette question c'est la résoudre, d'où suit que ou M. de Chaulnes a menti soit de propos délibéré soit par défaut de jugement, si dans sa dépêche il a voulu faire allusion au régime intérieur des États du saint-siége ou que les expressions dont il a fait usage avaient pour lui et pour ceux qui la recevaient une signification bien différente, se rattachaient à un tout autre ordre d'idées.

M. de Chaulnes n'a pas menti; la seconde hypothèse est la seule véritable, et pour vous en convaincre, vous n'avez qu'à vous reporter au siècle où se passaient ces événements. Comment supposer que la pensée de la perte d'une royauté, et surtout de la royauté pontificale, par une faction populaire, pût germer dans la tête d'un diplomate au service de Louis XIV, d'un lieutenant général des armées du roi de France, du fils du maréchal de Chaulnes, du neveu du connétable de Luynes? Mais, vous le savez, Monseigneur, dans la croyance de ces hauts et puissants barons, les peuples n'étaient que l'appoint du pouvoir, un des éléments de la matière gouvernable, et à vrai dire les Gueux des Pays-Bas, les Indépendants de l'Angleterre eux-mêmes n'auraient rien pu sans la maison d'Orange, sans les pairs, sans les nobles. Quand *l'émeute des chapeaux* gronda dans les rues de Madrid (notez que cette émeute date de près de cent ans après le document que vous avez invoqué —1766), la stupeur fut immense partout, en France plus qu'ailleurs, et l'indignation si grande que l'ambassadeur de ce royaume, un des successeurs de M. de Chaulnes par conséquent, se crut, quoique sans instructions, autorisé d'offrir au roi d'Espagne insulté l'intervention de son maître.

Voici ce qu'à propos de ce dernier événement a écrit un auteur presque de votre école, M. le comte de Saint-Priest, dans son *Histoire de la chute des jésuites* (ch. II) : « La révolte (celle de *las capas y chambergos*) avait duré plusieurs jours. *Les ambassadeurs étaient alors peu familiarisés avec ces épisodes populaires*. Le marquis d'Ossun, qui représentait la cour de Versailles à Madrid, poussé par un zèle chevaleresque, offrit à la cour d'Espagne les secours de la France. Il ne fut pas désavoué, la mode n'en était pas encore établie; mais Charles III, Castillan de cœur, répondit par un refus qui mit à l'aise le roi Louis XV, d'abord très-effrayé des troubles de Madrid. Curieux des moindres détails de cet événement, Louis les recherchait avec l'anxiété d'une âme faible et la prescience d'un esprit juste. *A cette époque, une révolte était encore un accident, et le bruit d'une émeute dans un pays voisin avait de quoi réveiller l'esprit le plus apathique*. D'ailleurs, malgré son insouciance, Louis XV se sentait profondément blessé *d'un si grand oubli de la majesté royale*. Quelle image que celle d'un prince de son sang sommé de comparaître devant la plus vile populace! »

Ce qui était *un accident* si considérable, une surprise inattendue sous Louis XV, à peine un quart de siècle avant 93, qu'aurait-il dû paraître sous Louis XIV au moment où, affranchi de toute tutelle, il se laissait aller à l'ivresse du pouvoir? quel jugement aurait-on porté d'un ambassadeur qui, en écrivant au roi fils aîné de l'Église, son défenseur avoué, se serait oublié au point d'insinuer que les peuples de ses États se révolteraient contre le saint-père, l'insulteraient et le chasseraient à tout jamais sous les yeux de la France, celle-ci les laissant faire puisque la dépêche concluait à la prévision de la perte prochaine du pouvoir temporel?

Votre interprétation, vous le voyez, Monseigneur, est moralement impossible, et elle le deviendra également en fait lorsque vous aurez considéré que Clément IX, élu pape au grand contentement de la France (1667), possédait à un haut degré la pureté des mœurs, la modestie, la modération, se montrait administrateur habile, juste et généreux, aussi éclairé et aussi probe sous la tiare qu'il l'était apparu à la France et à l'Espagne, quand simple prélat, elles l'avaient choisi pour médiateur dans les différends qui furent enfin réglés par le traité d'Aix-la-Chapelle.

La mauvaise voie qui, au dire de M. de Chaulnes, aurait ruiné le gouvernement pontifical, s'il s'obstinait à y persister, n'était autre que la résistance énergique opposée par le saint-siége aux empiétements de la politique française, surtout aux empiétements sur la juridiction des nonces dans les matières spirituelles et disciplinaires.

A en juger par le passé, M. de Chaulnes avait raison. Voltaire ne nous a-t-il pas appris que sept ans auparavant (1662), Rome avait été menacée d'un siége, sous la conduite du maréchal du Plessis-Praslin, le pape cité au parlement de Provence et le Comtat saisi, sous des prétextes bien autrement frivoles, parce que les Romains ne s'étaient pas inclinés devant *la hauteur* de M. de Créqui, parce que les agents de la police du gouvernement pontifical n'avaient pas trouvé de leur goût les insultes *que la jeunesse indisciplinable de Paris se faisait alors un hon-*

*neur* d'infliger aux représentants de l'autorité royale ?

A en juger par les événements postérieurs, M. de Chaulnes avait prédit juste. N'est-ce pas en 1687 que Louis XIV, au lieu de suivre les conseils de l'équité et de la modération en s'associant à l'Empereur, au roi d'Espagne, au roi de Pologne et au roi d'Angleterre (Jacques II) pour renoncer aux droits réclamés par les ambassadeurs, droits qui *rendaient la moitié de Rome un asile sûr à tous les crimes*, *faisaient souffrir le commerce et appauvrissaient le fisc* (Voltaire, *loc. cit.*, chap. XIV), envoya M. le marquis de Lavardin, avec une horde de gardes de marine, d'officiers volontaires et de domestiques armés, occuper militairement les plus populeux quartiers de la ville de Rome, s'empara d'Avignon, et menaça d'envahir, — c'était passé en habitude chez le roi très-chrétien, — tout le restant des domaines de Saint-Pierre ?

M. de Chaulnes, au point de vue humain, je le répète, avait raison et faisait preuve d'une prescience discrète. Sur le terrain d'une lutte matérielle contre Louis XIV, la fin du gouvernement du saint-siége ne pouvait pas faire doute, et elle ne pouvait pas faire doute, notez-le bien, Monseigneur, non pas parce que ce gouvernement était mauvais dans son administration intérieure, mais parce que le chef de l'Église combattait pour les droits de l'Église, parce que, administrateur, pour conserver la bonté de son administration, pour satisfaire à ses sujets, il devait persévérer dans la *mauvaise voie* signalée par M. de Chaulnes et résister à la pression que le roi de

France, abusant de sa force, exerçait sur lui, en vue de rendre cette administration détestable et de la maintenir telle sous peine d'insulte, d'envahissement et de confiscation.

Au surplus, que cette restitution du sens des termes employés par M. de Chaulnes soit exacte et vraie, que vous vous soyez absolument fourvoyé dans vos assertions, cela appert à ne pas s'y tromper de la première des dépêches du cardinal de Bernis, citée par vous, et des autres postérieures, sans en excepter celle de M. le duc d'Aiguillon, du 3 décembre 1771.

## VI

Un orateur dont j'admire le talent, dont je partage les convictions, dont je n'adopte pas toutes les déductions ni leur absolutisme, prenant à tort très au sérieux cette partie de votre discours, a déversé, il n'y a guère, sur la mémoire du cardinal de Bernis, un blâme auquel il m'est impossible de souscrire. Le cardinal de Bernis avait les défauts de ses grandes qualités, poussait trop loin peut-être les qualités et les défauts de la nature à laquelle il avait l'honneur d'appartenir.

Pour le juger dans son ambassade à Rome, pour apprécier sa correspondance, il faut avoir égard aux circonstances au milieu desquelles il avait à se débattre.

Évêque et cardinal, il participait à la puissance

romaine, il l'aimait, il devait, il voulait la faire respecter.

Homme de cour, diplomate délié et subtil, il se trouvait chargé de provoquer, d'accord avec les autres diplomates de la maison de Bourbon, l'Espagne, Parme et Naples, la suppression radicale de la compagnie de Jésus, tâche ingrate que M. le duc de Choiseul définissait avec une crudité d'expressions qu'il importe de rappeler. « Je ne sais (dépêche du 29 août 1769) s'il a été bien fait de renvoyer les jésuites de France et d'Espagne ; ils sont renvoyés de tous les États de la maison de Bourbon. Je crois qu'il a été encore plus mal fait, ces moines renvoyés, de faire à Rome une démarche d'éclat pour la suppression de l'ordre, et d'avertir l'Europe de cette démarche. Elle est faite ; il se trouve que les rois de France, d'Espagne et de Naples sont en guerre ouverte contre les jésuites et leurs partisans. Seront-ils supprimés, ne le seront-ils pas ? les rois l'emporteront-ils, les jésuites auront-ils la victoire ? Voilà la question qui agite les cabinets et qui est la source des intrigues, des tracasseries, des embarras de toutes les cours catholiques. En vérité, l'on ne peut pas voir ce tableau de sang-froid sans en sentir l'indécence, *et si j'étais ambassadeur à Rome, je serais honteux de voir le père Ricci l'antagoniste de mon maître.* »

La vérité sur M. de Bernis gît dans ces quelques lignes. La maison de Bourbon avait fait une faute en chassant les jésuites de ses royaumes, puis elle avait aggravé cette faute en s'emportant jusqu'à un éclat, puis encore, engagée trop avant pour reculer, elle avait commis une faute nouvelle en confiant à un prince de l'Église la poursuite de cette entreprise absurde et en le plaçant non pas en face de l'antagonisme du P. Ricci, mais en face de la conscience et de l'humiliation du chef de l'Église, de Clément XIV, de qui, comme cardinal, il relevait, et dont il était obligé de reconnaître et de respecter l'autorité.

Toute l'existence, toute la correspondance de ce personnage se sont ressenties de la situation qui le plaçait entre deux devoirs inconciliables, et loin de lui faire un reproche de quelques démarches irréfléchies, de quelques expressions hasardées, on doit lui savoir gré d'avoir, en persistant dans sa mission difficile, en la revêtant de formes conciliantes et dignes, su ménager les impatiences pressantes de ceux qui, se sachant la force brutale en main, voulaient en abuser, et les inévitables susceptibilités d'un pape qui, convaincu de la nécessité et de la justice d'une résolution importante, désirait avec raison conserver non-seulement une indépendance absolue, mais même l'apparence de cette indépendance, et en agissant d'après son jugement, ne pas avoir l'air d'agir sous la pression de la peur, en vue d'intérêts peu nobles et personnels.

La dépêche du 9 novembre 1771, — je pense que c'est par une faute des sténographes que les journaux ont imprimé le 4 septembre, — peint exactement les angoisses, les inquiétudes qui assiégeaient le cardinal-ambassadeur ; elle établit en outre en termes explicites que l'exercice du pouvoir temporel, ses qualités, ses défauts, n'étaient pas en cause dans les correspondances diplomatiques qui ont fait, Monseigneur, les frais de votre réquisitoire. Je la transcris en entier pour que le public appelé à prononcer puisse le faire, non surpris et sur pièces.

« Je crois, monsieur le duc, devoir vous faire part, dans une dépêche séparée, des notions intéressantes que j'ay rassemblées depuis le retour du pape. Il est nécessaire que le roy ait sous les yeux le véritable estat des choses et une idée complette de la manière dont les affaires sont et peuvent estre dirigées sous ce pontificat.

« Le pape a pour système fondamental d'entretenir une parfaite union avec toutes les cours catholiques, et principalement avec la France, l'Espagne, la cour de Vienne, le Portugal et la cour de Turin, et de montrer des égards pour les grandes cours protestantes. Sa Sainteté a des ménagements particuliers pour l'Espagne et le Portugal, à cause de l'affaire des jésuites, et parce qu'elle sait, par expérience, que ces deux cours sont plus délicates et ombrageuses que les autres ; d'ailleurs, comme elle négocie directement avec le confesseur de Sa Majesté Catholique et avec le marquis de Pombal, qu'elle a rétabli par ses propres négociations la correspondance entre le saint-siége et Lisbonne, et qu'elle est parvenue, sinon à éteindre la chaleur du ministère espagnol à l'égard de la suppression des jésuites, du moins à en modérer et suspendre jusqu'à un certain point l'activité, elle s'affectionne à son ouvrage, mais, dans le fond, son inclination la porte vers la France, dont la manière de traiter est plus franche et moins soupçonneuse.

« Sa Sainteté a travaillé jusques icy à se rendre

maîtresse de l'affaire des jésuites. Elle a cru pour cela devoir donner, dès les premiers temps de son pontificat, des assurances positives et par écrit au roy d'Espagne, tant sur un bref approbatif de tout ce qui s'estoit passé à l'égard des jésuites en France, en Espagne, à Naples, à Parme et en Portugal, que sur un plan de suppression de la société. La cour de Lisbonne n'a pas voulu de ce bref, la France n'a pas cru en avoir besoin, l'Espagne y a insisté longtemps, le bref a esté sur le point d'estre envoyé à Madrid, mais Sa Sainteté a trouvé jusques icy le moyen d'en suspendre l'expédition en flattant l'Espagne sur la béatification de Palafox, qu'elle a présentée comme le préliminaire nécessaire de l'ouvrage plus important de la suppression des jésuites. Cette béatification, à laquelle il paroît que le pape travaille de bonne foy, ne touche pas encore à sa fin ; il se passera peut-être des années avant qu'elle puisse être terminée, et, en attendant, par les attentions les plus délicates à l'égard de Sa Majesté Catholique et de ses ministres, il entretient leur confiance ; et quand on s'impatiente des longueurs et qu'on montre des soupçons sur sa bonne foy, Sa Sainteté rappelle le ministère de Madrid aux parolles qu'elle a données par écrit au roy d'Espagne, parolles inviolables, mais dont l'exécution n'est fixée à aucune époque déterminée. Sa Sainteté a esté très-bien secondée dans cette pénible négociation par l'archevèque de Valence et par le confesseur du roi d'Espagne, qui ont jusques icy dissipé les soupçons et les défiances et conjuré beaucoup d'orages. Les gens malins, qui ne croyent jamais à la vertu, ont prétendu que l'espoir d'un chapeau rouge animait le zèle de ces deux personnages.

« Le père Bontempi, cordelier, d'abord disciple, puis compagnon, ensuite secrétaire du pape lorsqu'il estoit consulteur du saint-office et cardinal, aujourd'hui son confesseur, et l'homme en qui Sa Sainteté paroît avoir le plus de confiance, est le négociateur que le pape employe avec succès auprès de l'archevêque de Valence; il est quelquefois secondé par le prélat Macedonio, Napolitain, que le pape employe plus efficacement encore auprès du commandeur Almada, ministre de Portugal, parent du marquis de Pombal. Le frère François, autre religieux cordelier, auquel le pape a remis le soin de ses affaires domestiques, de sa cuisine et de ses finances, est aussi un canal dont le pape se sert avec le ministre de Portugal. Le frère François ne joue pas le rôle principal, mais il plaist au pape, sans déplaire au père Bontempi ni à personne de cet intérieur, où les jalousies, les soupçons et les petites intrigues de cloître et de communauté règnent de plus en plus, à ce que m'ont rapporté des prélats en qui le pape a, par intervalle, beaucoup de confiance. Il est clair que le père Bontempi aspire au premier crédit, et que tous ceux en qui le pape pourroit prendre de la confiance doivent nécessairement donner de l'inquiétude à ce religieux, qui paroît avoir d'ailleurs de la prudence, de l'adresse et une grande connoissance du caractère de Sa Sainteté; mais, comme ce moine n'a aucune vraye notion des cours ni de la manière de conduire les grandes affaires, il n'est pas possible que le pape, avec les lumières qu'il a, ne sente que ce seul instrument ne peut luy suffire, et je crois effectivement que le saint-père s'en sert plustôt pour nourrir la confiance de l'archevêque de Valence et pour l'informer de tout ce qui se passe à Rome que pour toute autre chose.

« Le sieur Bischi, que le pape a mis à la teste de la manutention des grains, et qui a épousé une parente de Sa Sainteté, est l'ami intime du père Bontempi. Cet homme actif et intelligent voit le pape deux fois par jour et luy promet la faveur du peuple en prévenant la disette par des approvisionnements considérables qu'il fait faire tous les ans. Les bleds qui ont été achetés pour la France l'esté dernier, m'ont mis en relation avec le sieur Bischi, et je le ménage pour tous les cas où nous aurions besoin de tirer des grains de l'Estat ecclesiastique. Il sera possible, par ce canal, au sieur Pascaud, que j'ay déterminé à traiter avec le sieur Bischi, de trouver encore l'année prochaine des ressources dans les Etats du pape, et cette négociation pourra me servir pour Monte-Cavallo, car il faut nécessairement s'assurer de l'amitié du père Bontempi, ou du moins de sa neutralité, si l'on veut avoir un crédit constant sous ce pontificat. Jusques icy les obligations que le pape m'a eues dans quelques circonstances critiques, la dépense que je fais à Rome, le bon ordre qui règne dans ma maison, et l'attention que j'ay de défendre Sa Sainteté et de la disculper, lorsqu'on l'attaque, dans les sociétés de Rome, m'ont soutenu auprès d'elle, malgré la jalousie de ses ministres et de ses agents, et malgré les ombrages qu'on n'a jamais cessé de semer contre moy en Portugal, en

Espagne, à Naples, sur ma prétendue partialité en faveur des jésuites.

« J'ay éclairci qu'en dernier lieu le courrier extraordinaire arrivé de Lisbonne a apporté des lettres au saint-père du marquis de Pombal, par lesquelles on cherche à inspirer à Sa Saintété la plus grande défiance de moy sur l'affaire de la suppression. Il y a longtemps que l'Espagne ne dit plus rien sur cet objet; il n'en est pas de même du marquis Tanucci, qui fait semblant de croire que je suis jésuite profès. Toutes ces imputations dénuées de fondement ne mériteroient que le mépris, si elles n'avoient aucune influence sur les affaires ni sur la conduite du pape; mais le souverain-pontife, par ménagement pour les autres cours autant que par un esprit de réserve qui luy est naturel, ne me dit pas toujours tout ce qu'il faudroit dire, ou ne le dit qu'après coup, et lorsque les embarras sont arrivés ; il traite les autres ministres encore plus mistérieusement que moy, cela est vray, mais comme on cherche à diminuer sa confiance et à la détourner, il est nécessaire de prendre des moyens à l'égard du père Bontempi, qui ne quitte pas le pape. Je suis comme assuré que les autres cours en ont déjà pris d'efficaces.

« Un des plus grands sacrifices que je puisse faire au roy, c'est de résider dans une cour où le secrétaire d'Estat, quoique honnête homme, n'a pas su se rendre maistre de la confiance du souverain, où le pape, environné de gens qui briguent sa confiance, n'ose l'accorder entièrement à personne, où tout est mistères, secrets, manéges, jalousies et soupçons, comme dans les cloîtres et les séminaires. Il est vray que Sa Sainteté a de l'esprit, est aimable et pleine de prudence, de bons sentiments et de bonnes vues, mais elle se prépare bien des chagrins, si elle ne se fait pas des amis éclairés et instruits de la manière de traiter les affaires avec les cours, lesquelles s'aperçoivent de la foiblesse et de l'incertitude de son gouvernement, et ce sera par magnanimité si elles n'en abusent pas. Les difficultés survenues dans la promotion de M. de Reims et le refus du siége de Ferrare, par M. le nonce appuyé des bons offices du roy, ont mis de la confusion dans l'esprit du pape au sujet des promotions ; je sçais que Sa Sainteté a du chagrin, et qu'elle a dit que j'aurois bien dû empêcher que notre cour ne la gênât au sujet de ce nonce.

« J'étois assuré du déplaisir du pape à cet égard ; il s'en estoit clairement expliqué avec moy avant son départ pour la campagne ; je ne vous ay rien caché à ce sujet : ma sincérité a fait croire à M. le nonce que je ne luy estois favorable, et d'un autre costé, le pape me sçait mauvais gré de n'avoir pas empêché le roy d'employer ses bons offices. Cela n'est pas heureux, mais comme je n'ay rien à me reprocher, je m'en console aisément. D'un autre costé, les cours espagnole et portugoise n'ont cessé de m'attaquer sur mon prétendu attachement pour les jésuites, tandis que le parti de ces religieux me considère avec crainte et défiance. Un prélat espagnol, qui a de l'esprit, me disoit l'autre jour à ce sujet, qu'à moins de poignarder le général des jésuites en plein midy dans la place d'Espagne, on ne pourroit guérir les soupçons de certains Espagnols et

Portugais. J'avoue que je ne suis pas disposé d'acquérir leur confiance à ce prix-là.

« Voilà dans la vérité l'estat des choses; il m'afflige pour le pape (que j'aime et révère) beaucoup plus que pour moy-même; il me suffit que le roy soit content de ma conduite. Je suis assuré que le pape aura pour moy toujours les plus grands égards, et que, malgré les intrigues et les jalousies, il m'accordera autant de confiance qu'il est dans son caractère d'en accorder à qui que ce soit.

« J'ay su que le pape, depuis longtemps, avoit envie de donner des chapeaux extraordinaires à la cour de Vienne, à la France et à l'Espagne, mais il comptoit estre débarrassé du Portugal, ayant créé cardinaux successivement deux sujets portugois. Il est vrai que le premier estoit mort avant que de recevoir la nouvelle de sa promotion, dont la déclaration fut faite dans un consistoire tenu après son enterrement; mais ce cardinal n'estoit pas moins créé *in petto*. Cette prétention de la cour de Lisbonne et de celle de Vienne pour deux chapeaux, dérange tous les anciens projets du pape.

« Si Sa Sainteté avoit communiqué franchement ses idées, on se seroit concerté avec les cours, et M. l'archevêque de Reims ne seroit pas compromis. Je n'ay esté instruit que par vous, monsieur le duc, et assés tard du chapeau destiné au grand aumônier. Le pape avoit compté sur le consentement pur et simple de la cour de Vienne; mais, en même temps, il attendoit la naissance du dernier infant pour donner un chapeau extraordinaire à l'archevêque de Valence, si cet archevêque vivoit encore, ou au confesseur du roy d'Espagne. Les demi-confidences, les petits mistères embrouillent les affaires ; mais quand on est accoutumé de longue main à cette manière d'opérer, on a peine à s'en défaire. Si le pape s'estoit ouvert entièrement à moy et sur l'affaire de M. de Reims et sur celle de Ferrare, j'aurois évité au grand aumônier, au nonce et au pape, les désagréments qu'ils essuyent. Le cardinal Pallavicini voudroit opérer par luy-même ; le pape y consent quelquefois, puis ne le veut plus. Cette Éminence est bien embarrassée ; elle pourroit ne pas l'estre en connoissant mieux le caractère du pontife et en le conduisant en conséquence.

« La noblesse romaine se plaint du peu d'égard que le pape a pour elle ; les cardinaux se plaignent encore davantage ; les prélats s'impatientent et cabalent les uns contre les autres : toutes ces plaintes et ces mouvements ne sont pas à craindre pour le pape, mais il en résulte des intrigues et de la confusion.

« Le cardinal Marefoschi, que le pape estime, parce que (pour qu'en disent les partisans des jésuites) il n'a jamais proposé à Sa Sainteté que des moyens modérés et canoniques, ne possède qu'en partie la confiance du pontife. Le père Bontempi craint, dit-on, que cette Éminence ne prenne de l'ascendant, et on croit qu'il le traverse sous main, ainsi que tous ceux pour lesquels Sa Sainteté montre du penchant et de l'ouverture. Tel est, dans la plus exacte vérité, le tableau actuel de ce pays-ci ; il pourra changer pour quelques formes, mais non dans le fond.

« Le résultat de ce tableau est qu'on ne pouvoit avoir un pape plus dévoué à entretenir la paix et l'union dans l'Église et dans les États catholiques; qu'il a des lumières, du savoir, de l'adresse et de la prudence; qu'il n'a ni ambition ni prétention, et qu'il ne lui manque que la connoissance des cours et de la manière de traicter avec elles; qu'élevé à la défiance dans le cloître, il croit estre mieux servi par des religieux de son ordre et par des subalternes que par des gens du monde instruits des affaires générales. Comment se conduire avec un pareil souverain? Toujours avec droicture, prudence et noblesse; mais, pour avoir jusqu'à un certain point sa confiance, il faut trouver le moyen de gagner le cercle intérieur qui l'environne.

« *P. S.* — Il n'est pas nécessaire d'observer que le contenu de cette dépêche exige par lui-même le plus grand secret pour tous ceux qui ont des relations avec la cour romaine. Les Italiens, avec l'air de bonhomie, sont les plus fins observateurs, et ils ont mille ressources pour faire parvenir leurs notions par des canaux qu'on ne sçauroit soupçonner. »

## VII

Voulez-vous maintenant consentir, Monseigneur, à analyser avec moi ce document diffus? Si vous y consentez, qu'il vous plaise de remarquer, avant tout, quel est le but recherché par M. l'ambassadeur de France. Il a soin de nous l'apprendre lui-même lorsqu'il commence par déclarer qu'il se propose de mettre confidentiellement sous les yeux du roi *le véritable état des choses et de lui donner une idée complète de la manière dont les affaires sont et peuvent être dirigées sous ce pontificat*. Donc la spécialité de l'objet, la nature tout intime de la dépêche, — le post-scriptum en fait foi, — lui donnent une autorité beaucoup plus considérable que n'importe quelle correspondance ordinaire où le diplomate s'en serait tenu aux matières courantes et aurait dû s'observer dans la crainte d'un malentendu ou d'une indiscrétion. M. de Bernis, écrivant pour Louis XV, pouvait, devait tout dire, car la moindre réticence aurait pu lui être imputée à crime comme ayant été commise soit pour tromper le roi, soit en méfiance de lui.

Ceci établi, il importe de bien définir quelles sont les choses, quelles sont les affaires dont il entend donner une idée complète. Est-ce du gouvernement temporel, comme vous l'avez assuré, ou de la politique de résistance opposée par le saint-siége aux outrageantes pressions des cours dans des matières exclusivement ecclésiastiques, comme je viens de l'énoncer? qui a raison, de vous ou de moi? ne vous semble-t-il pas que le problème, réduit ainsi, demeure posé sans ambages?

Or, parcourez d'un bout à l'autre ces confidences plus ou moins sérieuses, et vous y trouverez que la conduite du pape n'est jugée et commentée que sous le rapport de la suppression des jésuites, n'est expliquée qu'au sujet des difficultés que rencontre la promotion au cardinalat de certains prélats patronés par l'entourage de Louis XV, par conséquent qu'il n'y a pas un mot de blâme ou d'éloge pour le SOUVERAIN et pour son administration, mais bien critique ou louanges pour le PONTIFE, et louanges et critique portant exclusivement sur des sujets du ressort de l'Église.

Examinons de près. Si, malgré l'*esprit*, *l'amabilité, la prudence, les bons sentiments et les bonnes vues* qu'on reconnaît à Sa Sainteté, on lui prédit *des chagrins*, est-ce parce qu'elle gouverne mal? parce que ses sujets sont mécontents? Non pas; c'est parce *qu'elle ne se fait pas des amis éclairés et instruits* DE LA MANIÈRE DE TRAITER LES AFFAIRES AVEC LES COURS, *lesquelles s'aperçoivent de la faiblesse et de l'incertitude de son gouvernement* (ce qui veut dire de l'hésitation que ce gouvernement fait paraître à leur complaire); *et ce sera par magnanimité si elles n'en abusent pas.*

Si on parle de plaintes publiques, est-ce de celles des peuples? Non pas, mais bien de celles de la noblesse et jusqu'à un certain point du sacré collége et des prélats qui *s'impatientent et cabalent les uns contre les autres;* mais ces plaintes ne concernent ni l'administration, ni le gouvernement temporel; elles regardent encore les jésuites, elles sont poussées à la suite d'intrigues pour ou contre, restées stériles, et du blâme infligé par le pape aux passions des deux partis qu'il tenait à égale distance de sa personne et de sa confiance. « Plus le pape me permet de lire dans son âme (M. le cardinal de Bernis, dépêche du 26 juin 1771), plus la vénération que j'ay pour ses vertus augmente. Il déteste le fanatisme, il aime la paix, la justice et la modération; personne n'est plus instruit que luy des intrigues pour et contre les jésuites, soit à Rome, soit en France, en Espagne, en Portugal et dans toute l'Europe. Il blâme de part et d'autre les passions qui animent les deux partis. » Et ce même ambassadeur, dans une dépêche antérieure, avait écrit (20 décembre 1769) : « J'ay trouvé le pape de bonne humeur, lundi dernier; sa gayeté dépend de sa santé et des personnes avec lesquelles il s'est entretenu. Sa Sainteté est assez maîtresse de ses paroles, mais nullement de son visage. Plus on la voit, plus on lui reconnaît un fond de justice, de bon cœur, d'humanité et d'envie de plaire qui la rendent respectable et aimable. *Je suis persuadé qu'après l'affaire des jésuites, tout le monde en sera content.* » Tant il est vrai que les plaintes et le mécontentement n'avaient rapport qu'à cette affaire, qui divisait et partageait la catholicité en deux camps contraires.

Après avoir parlé du pape, désirez-vous,

Monseigneur, que j'arrive à l'entourage, aux mystères, au secret, aux jalousies, aux soupçons propres aux cloîtres et aux monastères, dans l'énumération desquels vous vous êtes si singulièrement complu? Il en sera comme du reste : mystères, secrets, jalousies, soupçons se réfèrent aux jésuites, à la résistance religieuse du père des fidèles dans un fait où il avait « sa conscience et son honneur à conserver; l'une en observant les canons et en suivant l'exemple de ses prédécesseurs en pareil cas; l'autre en ne sacrifiant pas si légèrement les égards qu'il devait à l'Empereur, à l'Impératrice, à la république de Pologne, au roi de Sardaigne, aux Vénitiens et aux Génois, même au roi de Prusse, qui ne lui demandaient pas cette suppression. » (De Bernis, *Dépêche du* 26 *juillet* 1769.)

Est-ce par le prélat Macedonio que j'aurais à commencer? On n'en parle qu'en vue de la confiance que le pape lui accorde en l'employant *auprès du commandeur Almada, ministre de Portugal, parent du marquis de Pombal.* — Affaire des jésuites. — Est-ce par le P. François? On ne voit en lui que le *canal dont le pape se sert avec le ministre de Portugal.* — Affaire des jésuites. — Est-ce enfin par le P. Bontempi? On l'apprécie sous le rapport des négociations qu'il suit avec l'évêque de Valence, — affaire des jésuites, — et on lui donne pour qualités *la prudence, l'adresse, une grande connaissance du caractère du saint-père*, et pour défaut, défaut intolérable, odieux, de ne posséder aucune *vraie notion des cours, ni de la manière de conduire les grandes affaires*, c'est-à-dire de ne se pas laisser corrompre, de ne pas trembler devant le *quos ego* de la puissance séculière, de ne pas se prêter aux intrigues des ambassadeurs, de M. de Bernis surtout, de demeurer fidèle à son maître et bien méritant de lui.

Les jésuites et les cours, toujours les cours et les jésuites; toujours, d'un côté, le sentiment d'une grande iniquité, des fautes signalées par le duc de Choiseul et l'orgueil qui se fait un point d'honneur d'en sortir par l'abus de la force; de l'autre côté, la temporisation, la persévérance, la modération et la souplesse qui irrite les contradicteurs, et qui pourtant est la seule arme à la portée des opprimés et des faibles. Toujours la question diplomatique; jamais une parole relative au gouvernement des peuples; jamais une allusion à la bonté ou à l'insuffisance de l'administration intérieure. Je me trompe, j'allais oublier que le cardinal de Bernis a introduit dans sa dépêche le nom d'un sieur Bischi et qu'il y a parlé de la manutention des grains. A ce propos, on surprend en effet, sous la plume du cardinal *chargé des affaires*, une allusion indirecte aux attributions du temporel. Est-ce à leur détriment? qui oserait l'avancer après avoir lu que le pape s'étudiait d'acquérir *la faveur du peuple en prévenant la disette par des approvisionnements considérables qu'il faisait faire tous les ans?* Mais l'allusion fût-elle dans le sens de vos affirmations, Monseigneur, qu'en résulterait-il? Que, par cette exception de hasard, la justesse de mes rectifications serait plus que jamais rendue évidente.

## VIII

Et puisque l'ordre du discours m'a porté à m'occuper de cet incident, j'en profiterai pour vous faire observer tout ce que la dépêche du marquis d'Aubeterre, en date de 1765, dont, d'après le compte rendu, vous avez exceptionnellement donné lecture, renferme d'ignorance et de légèreté dans ses appréciations.

Ce n'est pas ici le lieu, et je n'ai ni le temps ni l'envie de débattre, sous le rapport économique, les importantes questions que soulèvent l'établissement de *l'Annone* et les mesures qu'à propos des subsistances Grégoire VIII, Clément VII et Paul V avaient édictées et confiées à la garde de cette magistrature composée en grande partie de laïques. Il me suffit de constater que l'autorisation à l'exportation des grains, que la règle qu'elle serait accordée de droit s'ils pouvaient s'acheter au-dessous d'un certain prix, étaient des dérogations libérales à la législation des autres pays, des bienfaits immenses accordés par les papes à leurs sujets. Il en résultera que les critiques de M. d'Aubeterre apparaîtront ce qu'elles sont, des exagérations inspirées par les préjugés de ce qui se pratiquait en France, où le commerce intérieur des grains subissait les plus fortes entraves (supprimées le 13 septembre 1774), où celui à l'extérieur était prohibé, comme il a continué à l'être jusqu'à l'ordonnance du 26 juillet 1814, laquelle, *vu l'état des subsistances du royaume et l'accumulation résultante de l'abondance des récoltes précédentes et de l'actuelle*, suspendit provisoirement la prohibition, acheminement à la loi définitive du 2 décembre suivant, qui a été calquée pour ainsi dire sur les principes consacrés plusieurs siècles auparavant dans les lois des États romains.

Je veux bien admettre, au surplus, que les inconvénients signalés en 1765 par M. d'Aubeterre aient été réels, comme on peut affirmer qu'ils ne l'étaient pas, quelle importance leur resterait-il, quelles déductions défavorables pourrait-on en faire sortir de bonne foi lorsque, dans la dépêche du cardinal de Bernis, rédigée en 1771, vous auriez dû lire, si vous l'aviez lue, que les États du pape, c'est-à-dire ces États où les habitants avaient à souffrir *de l'imprévoyance de l'administration chargée de veiller à l'approvisionnement des bleds*, etc., avaient fourni à la France une quantité remarquable de céréales et autres denrées alimentaires, *et qu'il serait possible d'y trouver encore l'année prochaine des ressources analogues?* le gouvernement de l'Empereur serait-il qualifié avec raison de mauvais parce que, par des circonstances passagères, indépendantes de sa volonté et de sa vigilance, les peuples ont eu fortuitement à se plaindre de la cherté de la vie, et ont été forcés de suppléer à grands frais à l'insuffisance d'une récolte manquée?

Souffrez donc que je le proclame : la dépêche de M. de Bernis est le démenti de celle de M. d'Aubeterre, comme elle est la confirmation la plus éclatante de l'équivoque qu'on vous a placée dans la bouche lorsqu'on vous a fait attribuer à l'administration du temporel des documents qui se réfèrent aux débats soulevés sur des points appartenant exclusivement au spirituel. Vous allez vous apercevoir qu'il en sera de même pour la dépêche du duc d'Aiguillon (3 décembre 1771).

## IX

Madame du Barry, — observez la signification de ce nom, — madame du Barry prenait, à plusieurs titres, un intérêt passionné à l'élévation au cardinalat de Mgr l'archevêque de Reims.

Le roi, on peut le deviner, appuyait de tout son pouvoir les désirs de madame du Barry, et il désirait en outre, pour son propre compte, que le nonce accrédité près de sa cour, Mgr Giraud, obtînt, avant son départ de Paris, la pourpre romaine.

M. d'Aiguillon, harcelé à tout propos par ces volontés impérieuses, la volonté de son maître et la volonté de la favorite, dont les intrigues l'avaient porté au pouvoir, ne manquait pas de prendre à cœur la réussite simultanée de ces deux promotions.

Mais Clément XIV qui, comme pape, se croyait le droit, à tort à ce qu'il paraît, de ne conférer la plus haute dignité de l'Église que spontanément, qu'à ceux qu'il estimait réunir le mérite nécessaire, ne méconnaissant pas d'ailleurs les égards dus aux instances personnelles du roi très-chrétien, se montrait chagriné, proposait des demi-mesures pour ne pas trop mécontenter et saisissait de très-justes motifs d'atermoiements au moyen desquels il voulait tout au moins faire sentir l'inconvenance des procédés dont on usait envers lui. La dépêche du 9 novembre nous initie déjà à ces détails; nous allons les rencontrer plus accentués dans celle de M. le duc d'Aiguillon qui, prenant artificieusement à rebours le sens des confidences de M. de Bernis, se ménage par cet artifice peu louable la satisfaction de donner carrière à la mauvaise humeur qu'il ressentait, et aux menaces et à l'intimidation dont on n'était pas avare à cette époque ainsi que, si on suivait, Monseigneur, vos conseils, on ne le serait pas non plus à l'époque présente. Vous allez pouvoir en juger par la lecture de cette pièce que, pour plus de garantie, je prends la hardiesse de vous soumettre dans son entier.

« J'ai reçu les lettres que Votre Eminence m'a fait l'honneur de m'écrire les 9, 13 et 19 du mois dernier.

« J'ai lu au roi, dans son conseil, le tableau que Votre Eminence a tracé de l'état actuel du gouvernement à Rome et l'idée qu'elle se forme de la manière dont les choses peuvent être dirigées sous ce pontificat.

« Je ne dois pas dissimuler à Votre Eminence que tout ce qu'elle a exposé à ce sujet n'est pas bien propre à donner une bonne opinion ni du système que le pape paraît vouloir suivre, ni des agents subalternes qui ont une part principale à sa confiance.

« Il est certain que le pape est fort dissimulé, et il faut un grand art pour l'être longtemps avec succès. La nature des affaires exige quelquefois qu'un souverain déguise ses sentiments et ses intentions; mais il est fort à craindre que le goût du manége qui détermine cette façon de se conduire ne dégénère bientôt en une finesse artificieuse où l'esprit a encore moins de part que le caractère. J'avoue à Votre Eminence que tous les procédés de Sa Sainteté depuis qu'elle est assise sur le trône pontifical, ne nous présentent jusqu'à ce moment que des raisons de soupçonner leur droiture.

« Les ménagements particuliers que le pape se croit obligé d'avoir pour les cours d'Espagne et de Portugal, ayant pour motif leur délicatesse et leur facilité à prendre ombrage de tout, Sa Sainteté nous indique elle-même les moyens que nous avons de nous attirer de sa part les mêmes égards et les mêmes attentions.

« Elle entretient sans cesse Votre Eminence de son respect pour le roi et de son inclination particulière pour la France; mais ces sentiments ne se manifestent encore que par des paroles que les effets démentent presque toujours. Je ne vous citerai pour exemple que la promotion de M. l'archevêque de Reims, que tout nous engageait à regarder comme très-prochaine, et qui, sous les prétextes les plus frivoles, est encore différée. Nous sommes d'autant plus surpris des difficultés qui la retardent, qu'elles paraissent ne venir que de la mauvaise volonté du pape. En effet, il n'avait besoin du consentement d'aucune puissance pour donner, de son propre mouvement, un chapeau à M. l'archevêque de Reims ; cependant, il a désiré qu'on en parlât aux principales cours. La plupart d'entre elles ont paru applaudir à ce choix. Celle de Vienne ne s'y est jamais opposée ; qui peut donc suspendre l'exécution du projet de Sa Sainteté et l'engager à compromettre mal à propos le prélat dont il s'agit, et le roi lui-même, qui avait annoncé cette promotion sur les assurances que Sa Sainteté avait autorisé Votre Eminence à donner à Sa Majesté ?

« D'ailleurs le pape était déterminé depuis plus d'un an à donner un chapeau à Mgr de Valence ; mais avait-il préalablement exigé l'agrément du roi et des autres souverains ? pourquoi cette distinction peu obligeante par rapport à M. l'archevêque de Reims ?

« Quoi qu'il en soit, il y a, dans toute cette affaire, une obscurité affectée que nous ne chercherons point à éclaircir, qui se développera infailliblement, tôt ou tard, et nous fixerons en conséquence notre opinion sur les intentions et la conduite du souverain pontife.

« La noblesse romaine est déjà fort indisposée contre lui ; les cardinaux se plaignent du peu d'égards qu'il leur témoigne, et il fomente les cabales entre les prélats de sa cour. Il refuse également sa confiance à ceux qui par leurs places devraient se flatter d'y participer, et le père Bontempi paraît être son confident de prédilection. Je ne sais quels sont les talents et les qualités personnelles de ce moine, mais s'il faut en juger par toutes les opérations du pape, le gouvernement de Sa Sainteté ressemble beaucoup aux principes qu'il a puisés dans le cloître, et on ne doit en attendre que du manége et des intrigues monacales. Le roi ne croit pas qu'il soit de sa dignité de travailler à gagner ces prétendus dépositaires des secrets du Vatican. Sa Majesté ne fait à Rome que des demandes justes, n'en exige que des procédés honnêtes et convenables à la prééminence de sa couronne. Elle saura, quand les circonstances l'exigeront, prendre les mesures nécessaires pour se procurer la justice et les égards qui lui sont dus.

« Les médailles que le roi destine au pape ont demandé du temps pour les frapper et pour faire la boîte qui doit les renfermer. Sa Majesté vient de renouveler ses ordres à ce sujet, et le médaillier dont il s'agit ne tardera pas à parvenir à sa destination. Elle a voulu que le présent fût digne de lui et de Sa Sainteté. »

Ici encore, Mgr de Reims, et toujours Mgr de Reims : pas un mot des affaires intérieures du gouvernement romain, et puis, ainsi que je l'ai affirmé, le contre-pied de ce qu'avait entendu exprimer M. le cardinal de Bernis. Aussi celui-ci n'eut garde de se prêter à cette mauvaise comédie qui le blessait et le compromettait du même coup, et, le 14 décembre, il se hâta de la déjouer en ces termes :

« J'ay cru devoir vous envoyer le mois passé le tableau de l'estat actuel du gouvernement de Rome. Le pape est convenu vingt fois avec moy des inconvénients de son éducation et de la méthode qu'il a adoptée en conduisant mistérieusement ses affaires, mais il en connaît aussi les avantages et même la nécessité dans les circonstances présentes. Il m'a expliqué très au long, et avec une véritable franchise, ses motifs. Clément XIV est le Fabius des papes; mais je crois pouvoir vous assurer que, s'il manque d'usage du monde, il a beaucoup d'esprit, de prudence et de bonne foi; il peut souvent donner une idée contraire par des finesses qui se ressentent de la vie du cloître, mais soyés sûr que quand il ne s'explique pas entièrement, il a des raisons dictées par une prudence peut-être trop subtile et ombrageuse, mais qui ne participe en rien de l'artifice ni de la fausseté.

« Il y a longtemps que j'étudie le pape, et si je pouvais révéler les secrets de son intérieur, qu'il me communique très-souvent, vous auriez de luy la même opinion que j'en ay moy-même. Si j'étois à la place du saint-père, je me conduirois souvent d'une autre manière parce que j'ai eu une éducation différente et que je connois mieux que luy la méthode pour traiter avec les cours et les justes mesures de la circonspection; mais avec tout cela, le pape est bien supérieur à es cardinaux qu'on pouvoit choisir dans le sacré ége pour gouverner l'Eglise. Voyez avec quelle prudence et habileté il suit l'affaire des esures, vec quelle modération il supporte la vation es Etats d'Avignon et de Bénévent; toutes l cours catholiques luy demandent des grac s, il les accorde presque toutes; il y met au ps et des formes qui souvent ne plaisent pas, mais il finit par consentir à ce que l'on veut de raisonnable : indults, unions, suppressions, dispenses extraordinaires gratis et diminutions sur les bulles, jusqu'ici il ne m'a rien refusé, tandis qu'on continue à garder une portion de ses Etats, quoiqu'il n'ait participé en rien aux fautes du gouvernement de son prédécesseur. »

Pourquoi, Monseigneur, avez-vous négligé la citation de cette pièce? est-ce parce que le profond respect que Votre Altesse éprouve pour le saint-siége s'est senti blessé de la fatuité des expressions du représentant de la France? Il n'aurait pas fallu vous en inquiéter; on grandit d'autant mieux dans l'opinion du monde, on est d'autant mieux un bon pape qu'on a assez d'esprit pour savoir se railler doucement, sous couleur de bonhomie, des inconvénients d'une éducation pareille à celle dont se montrait si fier M. le comte de Bernis, et dans l'élu de l'Eglise, dans le père des fidèles, dans le chef couronné du catholicisme, chacun s'attend à rencontrer non pas d'autres habitudes de la vie familière que celles qui conviennent à un prêtre ou à un moine, mais la fermeté nécessaire à refuser les faveurs dangereuses, à résister aux caprices insensés, à ne pas adopter, pour tout dire, *la méthode pour traiter avec les cours et les justes mesures de la circonspection*, que M. de Bernis aurait adoptées s'il avait été possible qu'il parvînt à la place de Clément XIV.

Cette omission, quelque honorable qu'en soit la cause, est fâcheuse, d'une part parce qu'elle a laissé dans l'ombre la véritable pensée de M. l'ambassadeur et l'appprobation qu'il donnait *à la conduite mystérieuse des affaires*, *con-*

*duite avantageuse et même nécessaire dans les circonstances présentes*, paroles explicites portant un coup fatal aux imputations que vous avez fait entendre : d'autre part parce qu'elle aurait de plus en plus rendu palpable que le gouvernement temporel n'était pour rien dans ce fatras diplomatique sur lequel vous avez équivoqué, je ne cesserai de le répéter, et qui s'entretenait CONSTAMMENT de matières ecclésiastiques : la suppression des jésuites, la béatification de Palafox, la nomination au cardinalat de M. de Reims, sous les respectables auspices de madame du Barry, etc. ; cette omission enfin a été fâcheuse parce que, pour l'honneur d'un des plus adroits diplomates de la France, vous auriez probablement laissé dormir la dépêche du 30 janvier 1779, *où le même cardinal signale vivement les intrigues et les désordres dont le tribunal de la daterie présentait le spectacle*; car enfin concilie qui pourra ces plaintes avec les éloges du mois de décembre 1771 : « Toutes les cours catholiques luy (au pape) demandent des grâces, il les accorde *presque* toutes ; il y met du temps et des formes qui souvent ne plaisent pas, mais il finit par consentir à ce que l'on veut de *raisonnable* : indults, unions, suppressions, dispenses extraordinaires *gratis* (ce sont bien là des attributions de la *dataria*) et diminutions sur les bulles, jusqu'ici il ne m'a rien refusé, tandis qu'on continue à garder une portion de ses États, etc. ; » et avec la fin d'une dépêche du 24 novembre 1772, où chacun peut voir tracé en toutes lettres le passage que voici : « Cette persuasion (d'avoir blessé le pape en le menaçant d'une rupture entre le saint-siége et l'Espagne) afflige M. Monino (le plus acharné des destructeurs du pape et de la cour de Rome) parce qu'il convient avec moi que, l'affaire des jésuites à part, *Clément XIV est le meilleur pape que les cours catholiques puissent désirer.* »

# X

Devrais-je vous suivre, Monseigneur, dans les nombreuses citations que vous avez poussées jusqu'à la plus violente période de la première révolution républicaine? Pour ne pas trop vous importuner et comme il s'agit de faits contemporains, je me bornerai à en appeler aux souvenirs de tous. Ces souvenirs protesteront trop haut pour que vous ne vous aperceviez pas qu'en vous en prenant à Pie VI, vous avez attaqué la mémoire du plus habile des administrateurs, du plus zélé propagateur des doctrines économiques, du plus aimé, du plus respecté, du plus admiré, du plus regretté des souverains. Certes, je suis loin de vouloir exciter les susceptibilités nationales; pourtant, comment, en présence de vos affirmations, passer sous silence que le corps d'armée républicain envoyé à Rome pour y provoquer un mouvement factice et conduire un saint vieillard au martyre, fut attaqué vivement et massacré en partie par ce peuple qui, à vous entendre, gémissait sous une mauvaise administration et ne soupirait qu'après le moment d'en être débarrassé?

Plaignez-vous-en, Monseigneur, et ce ne sera jamais assez, aux gens qui vous ont trompé, qui n'ont pas cessé d'abuser de votre confiance, qui dans cette période, de même que dans la période précédente, vous ont fait confondre à dessein les jalousies des cours, le désappointement politique de leurs ambassadeurs, les controverses sur les matières ecclésiastiques et les appréciations qui s'ensuivaient, avec l'administration intérieure et le gouvernement temporel des États romains. Je ne saurais qu'y faire. Les larmes que devait répandre Pie VI, il devait les répandre non pas à cause de la désaffection de ses sujets qui l'adoraient, mais à cause de sa résolution d'aller à Vienne conjurer l'orage que Joseph II avait soulevé contre l'Église. L'avilissement du saint-siége n'était à redouter qu'en conséquence des ménagements qu'il gardait envers l'Empereur; *la propension pour les puissances ses ennemies* ne consistait tout entière que dans l'adoption des mêmes mesures.

Ceci s'explique facilement : pendant ces négociations, dans les résolutions adoptées, le pape s'était tenu à l'écart, et pour cause, de l'empressement inquisitorial de M. de Bernis; celui-ci en avait été blessé dans sa suffisance personnelle et dans son importance d'ambassadeur français. Ses plaintes, ses murmures, ses prophéties n'ont pas d'autre source, n'ont jamais été comprises autrement, et voici, pour le prouver, un passage d'un écrivain non suspect, de M. de Saint-Priest, dans l'*Histoire des jésuites*, déjà cité (p. 120,

Wauters, Bruxelles, 1845). « Les prestiges d'une correspondance persuasive ayant échoué, Pie VI changea de plan ; il affecta un flegme imperturbable et la plus grande confiance dans Joseph II. Personne ne pouvait comprendre sur quoi il pouvait fonder un sentiment si peu motivé : Bernis surtout ne concevait ni cette tranquillité, ni cet espoir. Admis dans l'intimité du pape, le cardinal français avait beau l'interroger, il n'obtenait qu'un silence constant ou des réponses énigmatiques. *Bernis ne pouvait s'expliquer une réserve qui blessait son amour-propre ;* d'ailleurs, sa curiosité, son inquiétude étaient stimulées par les demi-confidences de quelques prélats affidés. Vous apprendrez bientôt une nouvelle, lui dit un jour le cardinal Conti, et, tandis que Bernis s'épuisait en conjectures sur la nature de cette nouvelle, il apprit, par sa correspondance particulière, que Pie VI était attendu à Vienne. *Etonné, confondu* d'un bruit si extraordinaire, CHOQUÉ surtout d'en avoir été informé par une voie indirecte, Bernis se rendit auprès du pape, qui ne lui dissimula point son projet. Le saint-père lui avoua qu'après avoir épuisé auprès de l'Empereur toutes les prières, il lui avait proposé une conférence dans la capitale de l'empire. »

Voulez-vous davantage? Vous le trouverez dans ces quelques lignes que M. de Bernis, oublieux de toutes les convenances, abusant de l'indulgence du saint-père, eut le courage de lui adresser le 23 octobre 1783 : « Très-saint-père, comme on désire à Versailles que la dignité du chef de l'Église ne soit pas compromise et encore *avilie*, on craint qu'en écrivant à l'Empereur des lettres confidentielles, Votre Sainteté n'accoutume ce monarque à ne faire aucun cas de ses représentations, lesquelles étant d'ailleurs ignorées du public, ne justifient Votre Sainteté qu'à ses propres yeux, et très-imparfaitement, sans édifier l'Église. »

Le cabinet de Versailles qui, dans son égoïsme ou dans son impuissance, avait voulu se tenir en dehors des querelles pendantes entre le saint-siége et Joseph II, les ministres de Louis XVI qui, en épuisant les trésors, les flottes et les armées du royaume pour venir en aide à la constitution de la république américaine et concourir à la grande renommée de La Fayette, construisaient pièce à pièce l'échafaud du 21 janvier, usurpant le rôle de donner, par la bouche de M. de Bernis, une leçon de dignité et de prudence à Pie VI, un des plus éclairés et des plus dignes successeurs de saint Pierre : tout cela serait odieux si, permettez que je le dise, ce n'était pas inepte, presque ridicule; mais tout cela explique que l'allusion à *l'avilissement de Sa Sainteté*, cause de *tant de peine* pour votre catholicisme, avait trait au gouvernement de l'Eglise et non pas à celui de l'Etat.

Encore un coup que puis-je y faire? Ce n'est pas de ma faute si la brutalité des faits me conduit à vous opposer un si grand nombre de respectueuses rectifications, ce n'est pas de ma faute si je suis obligé de constater que, quoi que vous en ayez dit, les appréciations historiques exposées au sénat sont bien de vous, Monseigneur, ou de ceux qui vous les ont soufflées.

N'avez-vous pas protesté que *la religion est et doit rester en dehors du débat? que vous et vos collègues n'aviez ni à la juger, ni à la blâmer, mais seulement à la proclamer digne de votre respect?* C'est donc à propos et en vue du pouvoir temporel que vous vous êtes essayé à faire preuve d'érudition; or, le pouvoir temporel est totalement étranger aux pièces que vous avez produites; or, ces pièces ne s'occupent que des questions de discipline ecclésiastique, ne critiquent ou ne louent le saint-siége qu'en tant que chef de la catholicité; donc.... Je m'en rapporte à votre loyauté pour inscrire ici mon excuse et la conséquence inévitable qui découle de ces prémisses.

## XI

L'année 1808 compte parmi les années néfastes dans l'histoire de la famille de V. A. I. Ce fut elle qui vit les colonnes françaises, sans motif, sans déclaration, par divers stratagèmes, s'emparer de Barcelone, de Figuières, de Pampelune et de Saint-Sébastien (janvier-février), la monarchie espagnole tomber à Aranjuez sous les coups d'une orgie provoquée par des menées diplomatiques dont les événements postérieurs dévoilèrent les auteurs et le but (18-19 mars), et Napoléon, par l'occupation de Rome (2 février), consommer *l'annexion* des Etats pontificaux, faisant «par là, a écrit quelque part M. de Salvandy,

« ces quatre énormités : de se saisir des pos-
« sessions d'autrui ; de détruire un Etat indé-
« pendant ; de changer violemment la situation
« relative des puissances européennes ; de faire
« du chef de tous les Etats catholiques le pen-
« sionnaire et le sujet d'un seul. »

Pourquoi évoquer ces souvenirs et comment ne pas vous apercevoir qu'en les évoquant vous argumentiez contre votre thèse? Je vous abandonnerai volontiers le rapport adressé par le sieur Ortoli à M. le duc de Cadore. Ce rapport, quelle que soit l'intention qui l'a dicté, est un peu comme l'oracle de Delphes : « A Rome, tout « le monde, à l'exception des prêtres et de *nos* « *ennemis*, a vu avec peine l'établissement cons- « titutionnel différé. » M. le duc de Cadore, qui ignorait probablement que les ennemis de Napoléon formaient à Rome non pas la grande majorité, mais la presque totalité de la population romaine ; qui ne pouvait pas supposer que, pour enlever le pape de son palais sans affronter une bataille, sans faire couler le sang à flots, il aurait fallu agir la nuit et recourir à une escalade en règle ; qui ne prévoyait pas que le voyage de Pie VII du Quirinal à Savone serait non pas le voyage du prêtre déporté, mais du martyr triomphateur, M. de Cadore était assurément pardonnable s'il interprétait cette phrase dans le sens des désirs de son maître. Il n'en est pas ainsi de vous, et si cela avait de l'importance, V. A. I. en citant ce rapport aurait donné beau jeu à ses contradicteurs.

J'ai hâte d'arriver à l'essentiel, aux paperasseries de février 1810. Ces documents, que vous avez invoqués avec une solennité et un apparat qu'on peut ranger parmi vos meilleurs effets de tribune, vous ont semblé renfermer beaucoup de choses appropriées à votre argumentation. Il en est tout à fait de même pour moi à l'égard de vos commentaires, et avant d'aborder le fond, je vous demande la permission de ne pas les passer sous silence.

*Il s'agitait autour de Napoléon Ier des passions*, je relate vos paroles, *analogues à celles qui s'agitent autour du trône actuel. L'empereur voulait voir clair au milieu de toutes ces menées, et il demandait l'avis de ceux de ses serviteurs dans lesquels il avait le plus de confiance*. Parmi ces serviteurs, celui désigné avant tous pour répondre opportunément à ces vœux prudents et modérés, c'était, on ne saurait le contester, le ministre des affaires étrangères, à qui ressortissait évidemment la matière à débattre ; jusqu'ici rien de plus normal et de plus régulier : la juridiction de M. de Cadore, la sagesse du maître sont et demeurent inattaquables. Mais, avant de donner lecture des avis du ministre, vous avez procédé à cette déclaration, au surplus surabondante, puisque le fait sur lequel elle porte est notoire : « Il est impossible de lire ce rapport sans y reconnaître la « touche impériale. ON COMPREND BIEN QU'IL A « ÉTÉ ÉCRIT SOUS LA DICTÉE DE L'EMPEREUR. » Or, ou il est vrai que l'empereur voulait s'éclairer « par les avis de ceux de ses serviteurs dans « lesquels il avait le plus de confiance, » et, vous l'avouerez, Monseigneur, c'était une étrange manière d'y parvenir que celle de leur dicter ce qu'ils avaient à répondre; ou l'empereur, n'importe à quelle fin, faisait passer par la bouche de ses conseillers ses propres pensées, et alors ces documents ne participent en quoi que ce soit à l'autorité des personnages qui les ont signés; ils ne font que refléter la pensée impériale et n'ont d'autre autorité que celle qui leur vient de l'empereur.

Cette autorité est grande, je le reconnais, et cependant la confiance que j'ai dans votre perspicacité et dans votre droiture me porte à ne pas vous cacher les raisons qui peuvent l'amoindrir en cette occasion.

On était en 1810, ne le perdez pas de vue. Il s'agitait autour de Napoléon des passions qui l'inquiétaient, des passions non méprisables, puisqu'il avait senti le besoin de les combattre; mais, en 1808, nous l'avons vu, Rome avait été *annexée*, mais le 6 juillet 1809, le jour même où grondait le canon de Wagram, Pie VII avait été jeté dans une voiture entre deux gendarmes. Toutes les énormités exposées par M. de Salvandy étaient par conséquent accomplies. Quel était-il ce simulacre de délibération? dans quel but jouait-on pareille comédie? Il n'y a pas à s'y méprendre, on dressait une machine telle quelle contre l'agitation qu'on redoutait et qui grondait sourdement; on forgeait un moyen détourné pour lui répondre, pour dégager la responsabilité personnelle du souverain; voilà pourquoi on se livrait à une.... délibération rétrospective pour décréter avec maturité, en 1810, ce qui avait été exécuté soudainement et sans conseils en 1808 et en 1809.

Les choses étant ainsi, pouvez-vous croire, Monseigneur, que ces manuscrits au moyen desquels des comparses se dévouaient pour ménager l'acteur principal, que ces manuscrits qui résument les dictées de Napoléon empereur s'efforçant de justifier l'empereur Napoléon, et qui ne sont en réalité qu'un expédient, pouvaient contenir un mot, un argument qui ne fussent pas dans l'esprit des rôles et de la pièce? et si vous ne le pensez pas, ou si personne en possession de son bon sens ne peut le penser, ne faut-il pas voir dans leur auteur

> Un loup *survenant* à jeun qui cherchait aventure
> Et que la faim en ces lieux attirait;

mettant tout en jeu pour démontrer, non pas à l'agneau, il l'avait emporté et mangé *sans autre forme de procès*, mais à ceux qui murmuraient du fait, qu'ils avaient tort de s'en émouvoir, qu'on avait attaqué le pouvoir temporel, non pas pour des motifs intéressés, mais par scrupule de conscience, parce que la *souveraineté réunie au sacerdoce était source de dangers extrêmes*, parce qu'elle *était la cause de toutes les calamités.... un motif de scandale pour l'Europe.... la mère du schisme.... le fléau des peuples, l'ennemie la plus dangereuse de la religion....* que sais-je encore? qu'on l'avait attaqué, pour tout dire, par les mêmes raisons de justice, de philanthropie, de zèle religieux, sous l'inspiration desquelles on l'attaque aujourd'hui, tant il est vrai que le plagiat est le caractère distinctif de notre génération et que rien n'est nouveau sous le soleil?

La politique de l'empereur, inquiet de se sentir en butte à l'animadversion générale, cherchant à se couvrir d'un masque, à donner le change à l'opinion, à se défendre des attaques qui l'émouvaient, et à bon droit, parce qu'il jouissait d'une vue trop perçante pour ne pas pressentir le danger d'une opposition fondée sur une base aussi sainte, aussi inébranlable; telles sont en substance la signification et la valeur des pièces que vous avez si pompeusement introduites au débat, et qu'on peut définir le réquisitoire de l'accsué se sachant coupable, plaidant les circonstances atténuantes, et s'essayant à noircir la victime de ses entreprises dans l'espoir d'amoindrir ses méfaits et de se les faire pardonner. C'est déjà peu, Monseigneur, ou pour être plus exact, ce n'est plus rien, et pas un juge, appartînt-il à la famille des juges immortalisés par Beaumarchais, n'accorderait le plus léger crédit à des élucubrations entachées de semblable origine. Mais que diriez-vous si, à l'expression publique de la politique de Napoléon empereur, je parvenais à opposer le jugement privé de Napoléon dans l'exil, en face de lui-même, inquiet de ce qu'il sentait fatal à sa gloire, s'efforçant, et s'efforçant à plusieurs reprises, d'en rejeter le pénible fardeau; si je parvenais à surprendre dans des aveux explicites, intimes, la condamnation de cette même politique, les dangers, les ruines qu'elle portait dans ses flancs et qu'elle aurait semés partout, si Dieu lui avait permis de mûrir et de s'emparer du monde?

A votre exemple, je devrais entasser les citations et appuyer par leur multiplicité la justesse de mes dires ; je le devrais au vrai, d'autant mieux que par elles je suis ramené naturellement au fond de la question et que je trouverais mon profit à m'appuyer, en les multipliant, non pas sur l'autorité peu sûre d'un homme enivré de puissance, aveuglé par l'ambition, mais sur des révélations procédant du remords, sincère et clairvoyant toujours quand il s'attaque au cœur de l'homme désillusionné par le malheur, déchu de son rang, ne vivant que de souvenirs et dans la crainte du jugement de la postérité. Je n'abuserai pourtant pas de votre patience, je ne recourrai qu'à une seule citation ; mais, pour être bien comprise, elle exige une courte explication préalable.

## XII

Les violences exercées sur Pie VII avaient produit dans l'esprit des peuples, nous l'avons vu, des impressions qui, quoique nées de sentiments divers, étaient identiques de nature et concouraient aux mêmes résultats : la réprobation la plus éclatante, l'indignation la moins équivoque, une impatience non déguisée et prête à se transformer en actes d'opposition active au moindre incident qui pourrait la rendre opportune et heureuse.

Je n'invoquerai pas à nouveau les préoccupations officielles de l'empereur, et pour prouver mes allégations, je n'irai en chercher la preuve ni dans les témoignages des indifférents ou des ennemis de l'empire, ni dans les historiens qui sont venus après coup interpréter les faits et disséquer les situations. Je la ferai sortir de la plume d'un personnage, acteur jusqu'à un certain point dans le drame impérial, très-dévoué au système et plus encore à l'empereur, de M. le comte de Las Cases, dont voici les expressions textuelles (*Mémorial de Sainte-Hélène*. Paris, Gust. Barba, p. 179) :

« L'empereur, je le comprends bien aujourd'hui, n'avait jeté sans doute tout cela en avant (les plus sanglantes menaces contre le pape) que pour que nous le fissions fructifier au dehors ; mais il se méprenait bien sur nos dispositions, celles du palais du moins. Une portion, la moins réfléchie, n'hésitait pas, dans ces occasions, à le blamer tout bonnement et hautement ; l'autre portion, la mieux intentionnée, se donnait bien de garde d'en divulguer un seul mot, dans la crainte de lui faire tort dans l'opinion..... Je me souviens très-bien que, précisément pour ce fameux concordat de Fontainebleau, le matin qu'il parut inopinément dans *le Moniteur*, on se disait confidentiellement dans les salons de Saint-Cloud que rien n'était moins vrai que cette pièce ; qu'elle était fausse et controuvée. D'autres disaient à l'oreille que le fond en était vrai sans doute, mais qu'il avait été arraché au pape par la frayeur que lui avaient causée la colère de l'empereur et sa violence ; si bien que je ne serais pas étonné que cet heureux épisode dramatique de Napoléon à Fontainebleau, traînant le père des fidèles par ses cheveux blancs, ne fût pas sorti inopinément du prosateur poétique, mais qu'il l'eût en effet recueilli de la bouche des courtisans, des serviteurs même de l'empereur. »

Retirez de ces confessions les précautions prises et prises maladroitement pour entourer la vérité d'un brouillard insuffisant à la cacher, qu'en reste-t-il ? Evidemment la certitude de ce que j'ai avancé et bien davantage, puisque les mauvaises dispositions devaient être plus intenses que je ne l'ai affirmé, si elles pouvaient se produire avec autant d'éclat dans les antichambres du palais et chez la généralité de l'entourage impérial, chez des individus portés naturellement par intérêt, par habitude et par affection, à applaudir, à prôner, à justifier les agissements du maître et à s'écrier à tout propos :

....In umili parole :
Signore, è vero ci ha bagnati il sole.

Or, le coup d'œil perçant du génie auquel, pour réunir dans son cœur, dans sa tête ce que la nature humaine peut présenter de plus parfait, il n'a manqué que l'éducation morale qui dompte la fougue des passions et les avertissements du malheur, qui arrêtent sur la pente des illusions, et, en frappant à propos, font que l'on songe à consulter l'étendue des forces dont on dispose et à tenir compte des obstacles qu'il faut renverser; ce génie avait saisi les effets engendrés par les égarements d'une ambition envahissante et sans limites. Il avait saisi ce que plus tard devait dire entre autres M. de Salvandy, qu'en s'en prenant à un prêtre désarmé, lui qui disposait « de six cent mille Français en armes, même d'un million, » il s'était livré à un acte de violence honteux ; qu'en dépouillant le pontife par la main duquel avait été bénie et consacrée la couronne d'où sortait la puissance qui lui permettait de tout oser, il avait posé un acte de noire ingratitude ; qu'en insultant aux croyances de la grande majorité de ses sujets, qu'en se mettant en contradiction avec celle des mesures du commencement de son règne qu'on avait le plus applaudie, qu'en fournissant à ses ennemis une justification éclatante des accusations qu'ils ne cessaient de lui jeter à la face, il avait posé un acte impolitique, et si, lorsqu'il était au faîte de la grandeur, il avait persisté par orgueil, il repoussait dans l'abaissement, non pas seulement l'initiative, mais même la complicité de l'action qui le faisait rougir, et, par un expédient habile, en en reje ant la faute sur la fatalité ou sur l'ineptie de ses ministres, de sacrificateur qu'il avait été, il tentait de se transformer en victime.

Et à présent que la situation est définie, nous surprendrons, si vous le voulez bien, Monseigneur, un fragment de la conversation de l'empereur ; vous en méditerez les phrases, qui sont instructives, et dont plusieurs trouveront, je n'en doute pas, une application utile, si vous, son sang, qui n'êtes que par lui, vous vous décidiez à faire, en les lisant, un retour sur vous-même et sur la position que vous avez prise dans cette question capitale. « Je lui ai dit, » c'est toujours M. de Las Cases qui parle (*loc. cit.*, p. 49), « je lui ai dit que c'était une goutte d'absinthe de plus dans le calice amer que nous devions boire à sa gloire et à sa toute-puissance passée (il était question d'une des mille infamies que le misérable Hudson Lowe ajoutait de son chef aux infamies du gouvernement anglais) ; que son stoïcisme d'ailleurs suffisait pour défier ses ennemis et les ferait rougir de leur brutalité à la face des nations. Je me suis hasardé de dire que les princes d'Espagne à Valençay, le pape à Fontainebleau n'avaient sans doute jamais rien éprouvé de pareil. — Je le crois bien, a-t-il repris (l'empereur), les princes chassaient à Valençay, ils y donnaient des bals sans soupçonner physiquement leurs chaînes ; le respect, les égards les entouraient de toutes parts. Le vieux roi Charles IV avait été transféré de Compiègne à Marseille, et de Marseille à Rome, quand il l'avait voulu. Et cependant quelle différence de ces localités à celles d'ici ! Le pape, à Fontainebleau, bien qu'on en ait osé dire dans le monde, avait été traité de même ; ET ENCORE NE SAIT-ON PAS LE NOMBRE DE PERSONNES qui, malgré tous ces adoucissements, avaient refusé dans ces circonstances d'en être les gardiens, refus qui ne m'avaient point offensé, parce qu'ils m'avaient paru simples : ces emplois étaient du domaine de la délicatesse intérieure, ET NOS MŒURS EUROPÉENNES VEULENT QUE LE POUVOIR SOIT LIMITÉ PAR L'HONNEUR. Il ajoutait que quant à lui, COMME HOMME ET COMME OFFICIER, il n'eût pas hésité à refuser de garder le pape, « dont il n'avait jamais, » d'ailleurs, ordonné la translation en France. » Ma figure exprimait une grande surprise. — « Ceci vous étonne ? a-t-il repris ; vous ne le « savez pas ? Cela est pourtant vrai, ainsi que « beaucoup d'autres choses semblables que vous

« apprendrez avec le temps. D'ailleurs, faudrait-« il encore distinguer les actes du souverain qui « agit collectivement de ceux de l'homme privé « que rien ne gêne dans son sentiment : LA POLI-« TIQUE ADMET, ORDONNE MÊME A L'UN CE QUI « DEMEURERAIT SOUVENT SANS EXCUSE DANS L'AU-« TRE. »

M. de Las Cases se montrait étonné en apprenant que la déportation de Pie VII avait été opérée à l'insu de l'empereur, et un tel étonnement n'a rien qui puisse surprendre si l'on réfléchit que, de même que son respect et son dévoûment ne lui permettaient pas de révoquer en doute l'exactitude de ces confidences rétrospectives, de même la connaissance qu'il avait de l'organisation et des procédés du gouvernement impérial ne lui permettait pas d'admettre qu'il s'y fût rencontré des agents assez hardis pour prendre sur eux la responsabilité d'une décision de pareille importance. Dominé par l'imprévu de la conversation, M. de Las Cases oubliait ce qu'il s'était dit en d'autres circonstances, à savoir que d'habitude l'empereur « jetait en avant les choses « qu'il voulait qu'on fît fructifier au dehors. » L'existence du journal de M. de Las Cases n'était pas un mystère pour l'illustre captif; il savait que son interlocuteur empressé y mettait « tout ce qui se disait et se faisait du matin au « soir et chaque jour. » (*Loc. cit.*, page 219.) Ce journal élevait un monument tellement précieux pour l'histoire, que la publicité, et une publicité immense, retentissante, l'attendait infailliblement dans un temps très-rapproché ; en s'adressant à M. de Las Cases, Napoléon croyait donc, et il le croyait avec raison, s'adresser au public, et, en ce qui concerne ce point culminant des persécutions exercées contre le pape, il aura pensé sans doute que, n'importe l'invraisemblance de la rectification, elle existerait pourtant, et existerait entourée du charme de l'abandon d'une conversation intime ; que, tout en ne prévalant pas sur la vérité historique, elle jetterait du moins l'hésitation dans l'esprit de la grande majorité, d'où la conséquence assurée que la faute ou serait absolument rejetée loin de celui qui l'avait commise, ou, par l'incertitude de l'attribution, serait moins à charge à sa mémoire.

Au surplus, la négation sera-t-elle tenue comme véridique? Dans ce cas, elle signifie réprobation et par la contexture du langage, et par les distinctions captieuses que l'empereur s'efforce d'établir, et par les sentiments sous l'inspiration desquels la négation est prononcée; ou voudra-t-on la croire inexacte et ne point l'admettre? Ce sera encore et toujours réprobation par les raisons déjà indiquées, qui s'appliquent aussi bien à cette hypothèse qu'à la précédente, et parce qu'on ne déplore pas, on ne répudie pas un acte dont on se glorifie ou tout au moins qu'on croit justifiable, mais on déplore et on répudie le fait dont l'indignité est redoutée et qui ne peut pas s'innocenter. Voilà donc la suppression de la souveraineté temporelle, les affronts faits au chef de la catholicité jugés contre vous, Monseigneur, par celui-là même qui s'en était rendu coupable, par l'autorité que vous avez appelée à votre aide, et c'est à semblable conclusion que je voulais parvenir, c'est ce que je m'étais fait fort de vous démontrer.

## XIII

Est-ce assez? est-ce tout? Non pas; et, puisque vous m'avez contraint à scruter la pensée de l'empereur, j'irai jusqu'au bout, dussé-je, en me comportant ainsi, exciter en vous encore plus de regrets de l'avoir évoquée.

Je laisse de côté la distinction que Napoléon établissait entre la conduite de l'homme privé et « celle du souverain qui agit collectivement, » sophisme palpable, car l'être collectif ne peut avoir d'autres droits et d'autres devoirs que ceux qui sont mis en commun par les parties qui le composent; je laisse de côté les inductions à extraire de cet aveu remarquable « que « nos mœurs commandent que le pouvoir se « trouve limité par l'honneur, » d'où suit que toute action contraire à l'honneur, et les spoliations, l'ingratitude sont, sans conteste, de ce nombre, n'est jamais légalement possible, constitue l'abus, non l'exercice de la puissance, et j'arrive à ceci : « La politique admet, ordonne « même à l'un ce qui demeurerait souvent sans « excuse dans l'autre. »

Notez, de grâce, que l'empereur n'émettait pas au hasard cet axiome, d'ailleurs fort discutable; il l'appliquait évidemment au sujet de la conversation, et en s'en faisant un argument de défense, il distinguait, quant à sa conduite envers le pape, « les actes de sa politique, » de ceux qu'il aurait posés « comme homme et « comme officier. » En d'autres termes, il voulait dire à M. de Las Cases, et par lui à la postérité : « Je n'ai pas ordonné les mesures qui ont, à cette occasion, soulevé contre moi l'animadversion générale, mais j'en ai profité parce qu'elles servaient ma politique, laquelle n'était pas et ne pouvait pas être soumise aux restrictions de la règle commune. » Donc, ce n'est pas, ainsi que vous l'avez affirmé, Monseigneur, parce que le pouvoir temporel du saint-siége méritait les reproches accumulés dans les documents officiels que Napoléon avait pris la détermination de le supprimer, mais bien parce que cette suppression favorisait la politique de l'empire, et que cette politique devait avoir le pas sur toute autre considération.

Me sera-t-il permis de rechercher la valeur de cette justification, de pénétrer dans les profondeurs de cette nécessité dont la force avait été si grande, qu'elle avait ordonné de mettre en oubli les lois du juste et de l'honnête? Il me sera d'autant mieux permis, je le pense, qu'en outre de ce que ces indications ont d'utile à mon sujet, je n'aurai pas la crainte de m'égarer en m'y essayant, car je surprendrai, pour la seconde fois, sur les lèvres mêmes de l'empereur, les révélations que je recherche.

« Quand on reconnaîtra la vérité de mes querelles avec le pape (*Mémorial de Sainte-Hélène*, p. 178), on s'étonnera de tout ce qu'il fit souffrir à ma patience, car on sait que je n'étais pas endurant. Lorsqu'il me quitta, après mon couronnement, il partit avec le secret dépit de n'avoir pas obtenu de moi les récompenses qu'il croyait avoir méritées. Mais, quelque reconnaissance que je lui eusse portée d'ailleurs, je ne pouvais, après tout, trafiquer des intérêts de l'empire pour l'acquit de mes propres sentiments ; et puis, j'étais trop fier pour sembler avoir acheté ses complaisances. A peine eut-il le pied sur le sol italien que les intrigants, les brouillons, les ennemis de la France profitèrent de ses dispositions pour s'en saisir, et dès cet instant tout fut hostile de sa part. Ce n'était plus le doux, le paisible Chiaramonti, ce bon évêque d'Imola, qui s'était proclamé de si bonne heure digne des lumières de son siècle. Sa signature n'était plus apposée qu'à la suite d'actes tenant plus des Grégoire et des Boniface que de lui. Rome devint le foyer de tous les complots tramés contre nous. J'essayai vainement de le ramener par la raison ; il ne m'était plus possible d'arriver jusqu'à ses sentiments. Les torts devinrent si graves, les insultes si patentes, qu'il me fallut bien agir à mon tour. Je me saisis donc de ses forteresses, je m'emparai de quelques provinces, je finis même par occuper Rome, tout en lui déclarant et en observant strictement qu'il demeurait sacré pour moi dans ses attributions spirituelles, ce qui était loin de faire son compte. Cependant il se présenta une crise : on crut que la fortune m'abandonnait à Essling ; et aussitôt on fut prêt à Rome pour soulever la population de cette grande capitale. L'officier qui y commandait ne crut pouvoir échapper au danger qu'en se défaisant du pape, qu'il mit en route pour la France. Un tel événement s'était opéré sans ordre, et même il me contrariait fort. J'expédiai donc sur-le-champ pour qu'on fît demeurer le pape où on le rencontrerait, et on l'établit à Savone, où on l'entoura de soins et d'égards ; car je voulais bien me faire craindre, mais non le maltraiter ; le soumettre, mais non l'avilir ; *j'avais bien d'autres vues!* Ce déplacement ne fit qu'accroître le ressentiment et les intrigues.

« Jusque-là, la querelle n'avait été que temporelle ; les meneurs du pape, dans l'espoir de relever leurs affaires, la compliquèrent de tout le mélange du spirituel. Alors il me fallut le combattre aussi sur ce point : j'eus mon conseil de conscience, mes conciles, et j'investis mes cours impériales de l'appel comme d'abus ; car mes soldats ne pouvaient plus rien à tout ceci ; il me fallait bien combattre le pape avec ses propres armes. A ses érudits, à ses ergoteurs, à ses légistes, à ses scribes, je devais opposer les miens.

« Il y eut une trame anglaise pour l'enlever de Savone ; elle me servit. Je le fis transporter à Fontainebleau ; mais là devait être le terme de ses misères et la régénération de sa splendeur. Toutes mes grandes vues s'étaient accomplies sous le déguisement et le mystère ; j'avais amené les choses au point que le développement en était infaillible, sans nul effort et tout naturel : aussi voit-on le pape le consacrer dans le fameux concordat de Fontainebleau, en dépit même de mes revers de Moscou. Qu'eût-ce donc été si je fusse revenu victorieux et triomphant? J'avais donc enfin obtenu la séparation tant désirée du spirituel d'avec le temporel, dont le mélange est si préjudiciable à la sainteté du premier, et porte le trouble dans la société au nom et par les mains mêmes de celui qui doit en être le centre d'harmonie; et dès lors j'allais relever le pape outre mesure, l'entourer de pompe et d'hommages. Je l'eusse amené à ne plus regretter son temporel, j'en aurais fait une idole; il fût demeuré près de moi. Paris fût devenu la capitale du monde chrétien, et J'AURAIS DIRIGÉ LE MONDE RELIGIEUX AINSI QUE LE MONDE POLITIQUE; c'était un moyen de plus de resserrer toutes les parties fédératives de l'empire, et de contenir en paix tout ce qui demeurait en dehors. J'aurais eu mes sessions religieuses comme mes sessions législatives. Mes conciles eussent été la représentation de la chrétienté; les papes n'en eussent été que les présidents. J'EUSSE OUVERT ET CLOS CES ASSEMBLÉES, APPROUVÉ ET PUBLIÉ LEURS DÉCISIONS, comme l'avaient fait Constantin et Charlemagne; et si cette suprématie avait échappé aux empereurs, c'est qu'ils avaient fait la faute de laisser résider loin d'eux les chefs spirituels, qui ont profité de la faiblesse des princes ou de la crise des événements pour s'en affranchir et les soumettre à leur tour.

« Mais, pour en arriver là, j'avais dû manœuvrer avec beaucoup d'adresse, déguiser surtout ma véritable pensée, et DONNER TOUT A FAIT LE CHANGE A L'OPINION; présenter à la pâture publique des petitesses vulgaires, afin de lui mieux dérober l'importance et la profondeur du but secret; aussi était-ce avec une espèce de satisfaction que je me voyais accusé de barbarie envers le pape, de tyrannie en matière religieuse. Les étrangers surtout me servaient à mon gré en remplissant de leurs mauvais libelles de ma mesquine ambition, qui, selon eux, avait eu besoin de dévorer le misérable patrimoine de Saint-Pierre, etc., etc. Mais je savais bien qu'en résultat on me reviendrait au dedans, et qu'au dehors on ne serait plus à même d'y remédier. Que n'eût-on pas fait pour le prévenir, si on l'eût deviné à temps ; car quel empire désormais sur tous les pays catholiques, et quelle influence sur ceux mêmes qui ne le sont pas, à l'aide de ceux de cette religion qui s'y trouvent répandus ! »

Je n'ai pas à m'occuper à nouveau des accusations de Napoléon contre le pape, ni des torts ni des insultes qu'il lui impute :

La raison du plus fort est toujours la meilleure,

et la conscience publique, mieux que mes raisonnements, a fait depuis longtemps justice de ces étranges témérités.

Je n'ai pas à opposer au désaveu intéressé de l'initiative des événements, — désaveu qui reparaît ici en vertu des mêmes préoccupations que j'ai analysées plus haut, — le mandat d'amener signifié par Radet à Pie VII, la correspondance officielle et particulière du général Miollis et de M. de Tournon, ou celle du gouvernement papal et du gouvernement impérial, que Schœll a publiée dans ses *Archives historiques* (I et II), ou le récit si sincère et si bien documenté que le cardinal Pacca nous a transmis de ces tristes aventures dans ses Mémoires. Accusations et désaveux sont des leurres, nous l'avons vu, et de plus ils ont été anéantis par Napoléon lui-même lorsque, emporté par la chaleur du discours, il s'est plu à nous dire que « pour en arriver là (à la « suppression du pouvoir temporel), il avait dû « manœuvrer avec beaucoup d'adresse, DÉGUISER « SURTOUT SA VÉRITABLE PENSÉE ET DONNER TOUT « A FAIT LE CHANGE A L'OPINION. »

Je retiens pour un fait désormais acquis, incontestable, évident, que la suppression du pouvoir temporel des papes était pour Napoléon non pas, ainsi que vous l'avez prétendu et qu'il s'était étudié à le faire croire à ses peuples, une mesure d'ordre dictée par zèle religieux, ou, si vous l'aimez mieux, par intérêt social, mais le couronnement d'un édifice élevé à grands frais de « patience et d'adresse, » le retour, corrigé et amendé en sa faveur, au despotisme et à la royauté universelle de Constantin et de Charlemagne, ou, pour parler sans déguisement, non pas la « séparation tant « désirée du spirituel d'avec le temporel, » mais le simple déplacement de l'exercice de ce double pouvoir qui, par la dépossession du pape, du sacerdoce, passait à l'empire en se compliquant en outre de l'asservissement du pouvoir spirituel au pouvoir temporel, et de ces circonstances auxquelles vous ne manquerez pas, Monseigneur, d'attribuer une certaine gravité, c'est-à-dire :

Qu'en retirant au pape ses domaines séculiers, on n'affranchissait la société civile d'aucun danger, car les armées pontificales n'étaient pas, après tout, bien redoutables ;

Qu'en retirant au pape ses domaines séculiers et en le privant par conséquent de son indépendance, on exposait la société religieuse à une perte assurée ;

Qu'en ajoutant aux forces matérielles d'une grande monarchie militaire l'influence irrésistible des croyances, on en serait arrivé à lui assurer l'assujettissement du monde entier. Voilà donc l'idée politique du premier Napoléon dégagée de son enveloppe, voilà le pourquoi de la suppression de la souveraineté temporelle des papes mis en pleine lumière, et voilà, encore un coup, la signification des rapports complaisants, des délibérations rétroactives dont vous avez fait si grand bruit.

Napoléon voyait-il juste? Il faut distinguer.

Si sa puissance matérielle n'eût pas subi d'échec, si elle se fût maintenue aussi prépondérante qu'elle l'était en 1810, la réalisation de ses rêves n'aurait pas rencontré d'obstacle, car la moindre velléité de résistance chez n'importe lequel des potentats de l'Europe aurait été réprimée incontinent.

Si ses armes, au contraire, eussent faibli sans subir, comme il advint, une dépression totale, les prévisions d'un autre ambitieux, de Frédéric de Prusse, auraient reçu leur accomplissement, et on en serait arrivé à ce « qu'aucun des potentats « de l'Europe, ne voulant reconnaître un vicaire « de Jésus-Christ soumis à un autre souverain, « tous se seraient créé un patriarche, chacun pour « son propre État... Peu à peu chacun se serait « éloigné de l'unité de l'Église et aurait fini par « avoir dans son royaume une religion ainsi « qu'une langue à part. » (*Œuvres de Frédéric*, Corresp. avec Voltaire.)

Quoi que l'on fasse, on ne peut pas sortir de ce dilemme : ou il y aurait eu unité religieuse sous la discipline d'un despote, pétrie selon ses caprices, auxiliaire soumise de ses passions et de ses appétits ; ou l'unité religieuse aurait été brisée. Or dans l'une et dans l'autre hypothèse, le naufrage du catholicisme aurait été immanquable. Aussi les catholiques d'alors avaient raison de s'alarmer et de résister, comme s'alarment et résistent les catholiques d'aujourd'hui, comme vous devez vous alarmer et résister, Monseigneur, vous qui avez protesté de votre respect pour la religion, et vous alarmer et résister d'autant plus qu'en vous ayant découvert le but final de votre oncle, les raisons qui le lui faisaient poursuivre, je vous ai laissé entrevoir quelle arme redoutable aurait passé entre les mains du roi de Piémont devenu le chef de vingt-cinq millions d'Italiens et le Cubo du catholicisme si par malheur vous eussiez gagné son procès. Il résulte de là que non-seulement par conscience, mais par le pur patriotisme qui vous anime, vous aurez à déplorer votre erreur involontaire et à l'effacer en vous retournant pour combattre ce que, il y a quelques jours à peine, vous souteniez à outrance et vous vous efforciez de faire triompher.

## XIV

Peu enclin par nature aux jugements malveillants, j'hésite à croire que ceux qui mettaient à votre portée les documents dont vous avez fait usage, surtout les documents de l'époque napoléonienne, aient eu la triste idée de vous engager de propos délibéré dans une campagne si désastreuse; je doute qu'ils aient prévu la défaite à laquelle ils vous exposaient, quelles cendres ils allaient remuer, quelles ténébreuses machinations remettre au jour, et les déductions logiques qu'on pouvait en faire sortir et que je me suis fait un devoir de faire passer en partie sous vos yeux; j'aime mieux attribuer cette faute lourde à une légèreté suprême, à une haine irréfléchie, à l'entraînement des passions, et je me dis qu'en somme il nous faut les remercier de ce qu'en découvrant leur jeu, quoique en vous compromettant, ils nous aient fourni l'occasion et de vous éclairer et de leur arracher le masque du visage.

Après quoi, devenu plus timoré, moins confiant en la foi d'autrui, vous voudrez, j'ose l'espérer, regarder d'un autre œil celles de vos affirmations que vous avez jugées les plus décisives. Non, Monseigneur, « les biens temporels de « l'Église ne sont pas d'institution divine, » ou, en terme de théologie, leur possession ne fait pas partie du dogme. Ce qui est dogme, c'est l'infaillibilité de l'Église représentée par le saint-siége, d'où suit que si la liberté absolue de celui-ci n'est pas le dogme, elle est cependant une situation concomitante du dogme, car l'infaillibilité aurait de la peine à faire connaître ses oracles si elle dépendait d'un homme, fût-il un saint, qui pour se prononcer aurait besoin de l'assentiment d'un pouvoir qui le dominerait et pourrait entraver son action.

La faculté que vous avez, Monseigneur, d'agir

à votre gré n'est pas vous, n'est pas partie essentielle de votre être, puisque vous vivriez, vous penseriez dans une prison ainsi que vous pensez et vivez au Palais-Royal ; mais la responsabilité, l'intégrité, la moralité de vos actions seraient-elles les mêmes si celles-ci étaient comprimées, contrôlées, critiquées ou dictées par une puissance irrésistible? Si vous me contestiez l'application de ces vérités et de cette comparaison, je devrais en conclure que la politique de votre oncle était puérile, qu'il se trompait, lorsque en confinant le pape à Paris, en l'y entourant « de pompe et d'hommages, » en rêvant plus que la « suprématie de Constantin et de Charlemagne, » il se voyait déjà « dirigeant à sa guise le monde religieux; ainsi que le monde politique. » Je devrais en conclure en outre... Je m'arrête. Le respect m'empêche de fouiller plus avant dans cet abîme que vous avez creusé à votre discernement.

## XV

Et tenez, Monseigneur, une fatalité inconcevable — je ne dis pas le doigt de Dieu — vous poussait le 1er mars, — persuadé de lui rendre hommage et de vous faire une arme de son autorité, — à vous mettre en contradiction, tantôt indirectement, tantôt directement, avec le chef de votre famille. J'ai fini à peine de rendre palpable cette anomalie au sujet d'un point capital, qu'il me faut en signaler une autre qui n'est pas non plus sans importance, quoique, à vrai dire, on puisse la reléguer plutôt dans la catégorie des hallucinations que dans celle des propositions sérieuses et dignes d'examen.

J'ai lu avec une stupéfaction profonde que vous êtes allé jusqu'à vous écrier : « Il n'est pas un esprit sérieux qui ose dire que Rome est une sorte de fidéicommis que les papes se transmettent de l'un à l'autre. Mais ces États de l'Église, ils ont été constitués par les malheureux traités de Vienne, et il n'est pas une des stipulations de ces traités qui ne soit signée par une puissance non catholique, par l'Angleterre protestante, par la Prusse protestante, par la Suède protestante, par la Russie schismatique. »

Est-ce vrai, Monseigneur? *le Moniteur* ne s'est-il pas trompé? Dans la chaleur de votre improvisation « longtemps » étudiée, avez-vous pu porter une atteinte aussi frappante aux rudiments de l'histoire et à la déférence qu'on doit toujours et quand même au bon sens?

Les États de l'Église ne sont pas un fidéicommis que les papes se transmettent de l'un à l'autre! les États de l'Église ont été constitués par les malheureux traités de Vienne! parce que ces traités sont signés par des puissances protestantes ou schismatiques, les États de l'Église ne sont pas un domaine direct de la catholicité!

Heu! quam præcipiti mersa profundo
Mens habet, propria luce relicta,
Tendit in exteras ire tenebras!

## XVI

L'oncle de Votre Altesse Impériale, à l'encontre de vous, faisait remonter à Charlemagne l'origine du pouvoir temporel du saint-siége et les droits que celui-ci avait sur Rome et sur les domaines qui en dépendent. Il en était convenu à tel point, qu'il ne cessait de le répéter en toutes circonstances, et vous avez pu le remarquer dans ceux des fragments de ses entretiens que j'ai dû reproduire.

De Charlemagne aux traités de Vienne il y a loin, et, à la rigueur, assez d'espace pour y comprendre la série de papes qui, depuis Léon III jusqu'à Pie VI, ont été reconnus par le monde entier comme souverains légitimes et indépendants, ont levé des armées, gouverné leurs peuples, fait et défait des alliances de toute espèce, envoyé et reçu des ambassadeurs, entre autres M. de Chaulnes, M. d'Aubeterre, M. de Bernis dont vous avez signalé la mission, et erronément, les doléances et les reproches contre l'administration d'un État qui n'existait pourtant pas, puisque, à vous entendre, il ne doit son existence « qu'aux malheureux traités de Vienne! » Napoléon tombait donc dans l'erreur commune, car l'origine de la puissance souveraine des papes remonte plus haut qu'il ne le savait, ou, pour m'exprimer avec l'exactitude qu'on doit conserver en des sujets si graves, elle se perd dans la profondeur des âges, ainsi que l'atteste entre mille la fameuse charte « Ego Ludovicus, » dans laquelle Louis le Débonnaire convient que Pépin et Charlemagne RENDIRENT (restituerunt), ne DONNÈRENT pas l'Exarchat aux bienheureux apôtres. Peu importe; bornons-nous, si vous l'exigez, à Charlemagne, et daignez être assez indulgent pour m'apprendre la nouvelle méthode synchronique que vous avez découverte pour concilier l'existence simultanée de cet empereur et de François d'Autriche et d'Alcuin, par exemple, et de M. de Nesselrode ou de M. de Metternich.

## XVII

Les formules des donations, pour ne pas parler de leur esprit, vous auraient révélé, Monseigneur, si vos études de diplomatie moderne vous eussent laissé le loisir de vous occuper de ce latin barbare, qu'elles n'ont été consenties ni au clergé, ni aux papes, qui en sont les chefs. En les parcourant, vous auriez pu vous convaincre qu'elles sont à peu près toutes libellées « au profit du culte de Dieu, en honneur de ses apôtres, de ses saints ou pour le soutien et la gloire de l'Église, » ce qui veut dire, — pardon de cette explication superflue sans doute, — de l'universalité des chrétiens en communion de croyance.

Le clergé, les pontifes qui les ont reçues ont été, en les recevant, chargés de les administrer sous la condition expresse ou tacite de remplir la volonté des donateurs. Le clergé, pour ses propriétés, le pape, pour les propriétés du clergé et pour ses domaines, sont donc, n'en déplaise à votre indignation, de véritables fidéicommissaires, non pas même des usufruitiers, mais de simples administrateurs fiduciaires, autorisés de pourvoir à leur entretien par le prélèvement d'une fraction des produits des choses administrées, se transmettant successivement les uns aux autres des obligations qui sont attachées à leur ministère, remplissant un mandat, devant répondre devant Dieu et devant les hommes de sa parfaite exécution, n'ayant pas pouvoir de s'en écarter, de le dépasser et encore moins de concourir à la perte des choses qui en sont l'objet, devant, en somme. agir pour le compte d'autrui, dans des limites déterminées, en bons pères soucieux de leur conscience et du bien de leur famille, qui est l'Église, à savoir, je vous l'ai déjà fait entendre, vous, moi, et la généralité des fidèles. C'est ce que « les esprits sérieux, » loin de le contredire, vous auraient affirmé, si, non content d'une supposition gratuite et commode, vous les eussiez consultés sur une matière si importante. C'est ce que Pie IX, le collége des cardinaux, les évêques du monde entier, ne cessent de répéter, aux applaudissements de toute la catholicité, non pas en se rendant coupables « d'une hérésie politique, » non pas en recourant à « un argument du cœur et non de la raison, » mais en se bornant à invoquer les principes les plus incontestés, les plus essentiels de la justice et de la morale, ces principes légaux que les tribunaux ordinaires, même ceux de la France, j'aime à le reconnaître, sont obligés d'appliquer sous peine de forfaiture, et appliquent à tout moment lorsqu'ils vouent à une peine infamante le mandataire qui a abusé de la confiance qu'un tiers avait placée dans sa probité et dans son honneur.

## XVIII

Si les États de l'Église lui sont dévolus depuis un temps immémorial, si leur propriété est la propriété directe de tous les fidèles, si une action violente les avait enlevés à leurs propriétaires, si l'ère de la violence venait de se fermer, quoi de surprenant qu'au moment de la liquidation générale ces États aient été restitués à leurs administrateurs légitimes, aux représentants de la propriété, et comment la restitution pourrait-elle constituer un nouveau titre, comment le droit du spolié ne daterait-il que du jour de la réintégration? Cette jurisprudence est nouvelle; il me semble, au contraire, que *restitution* implique *reconnaissance* d'un ancien droit de possession, et c'est ainsi qu'il a été expliqué et entendu dans les protocoles des « malheureux traités de Vienne. »

La Russie est schismatique, l'Angleterre, la Prusse, la Suède sont protestantes; qui le nie? Mais qu'ont-ils d'opposé, le schisme et le protestantisme, à la vérification, à la reconnaissance, à la restitution d'un droit, et comment la sentence rendue au profit d'un chrétien par un tribunal composé de juifs, de mahométans, d'idolâtres, si l'on veut, serait-elle moins sacrée, moins opérante que si elle avait été rendue par des coreligionnaires? L'attention que vous prêtiez à la sonorité de vos paroles vous a fait oublier en outre que la Russie schismatique, que les autres puissances protestantes stipulaient au traité de Vienne dans une double qualité, d'abord en qualité d'arbitres appelés à faire justice, ensuite en qualité de représentants de trente ou quarante millions de catholiques soumis à leur couronne et s'attendant à obtenir, par l'intervention de leurs rois, la garantie complète d'intérêts essentiels et respectables.

Je m'y perds, Monseigneur, et ne pouvant pas me persuader qu'une intelligence d'élite, exercée comme la vôtre, ait pu s'égarer si loin, après m'être demandé si la pensée n'a pas été trahie par la forme, si vous avez bien voulu exprimer les idées que vous avez exprimées, j'en suis venu à vous soumettre cette question respectueuse : En ne faisant remonter la constitution des États de l'Église qu'aux traités de Vienne, n'aviez-vous pas, par hasard, l'intention de rappeler au sénat, ou pour mieux dire à ceux auxquels vous avez déclaré vous adresser en passant par-dessus le sénat, que des modifications importantes dans le régime intérieur de ces États avaient été introduites à cette époque? n'aviez-vous pas l'intention d'insinuer que ces modifications avaient exagéré les défauts d'une administration déjà mauvaise d'après vous, et que c'est à cause de cette exagération qu'il faut la supprimer? Si je ne me trompe pas, si, malgré le sens positif de vos expressions, ma supposition ne s'écarte pas du vrai, il y aurait quelque chose de réel dans le fait principal, et un accusateur prévenu pourrait, à la rigueur, sinon pousser les conséquences jusqu'aux remèdes héroïques préconisés par vous, du moins plaider spécieusement une culpabilité relative.

## XIX

Établissons d'abord, — et je vous prie, Monseigneur, de prendre acte de l'engagement formel que je contracte ici de démontrer à tout venant, et quand on m'y provoquera, l'exactitude incontestable de l'affirmation que j'émets en pleine connaissance de cause; — établissons d'abord que jusqu'à la révolution de 1789, le gouvernement pontifical avait été le plus avancé, le plus paternel, le meilleur des gouvernements de l'Europe; que sous sa direction bienfaisante, les peuples avaient joui d'une liberté pratique, non abstraite, qui les rendait heureux et qui leur suffisait.

Établissons aussi que le cataclysme révolutionnaire n'a pas été l'œuvre des papes, qu'ils l'ont subi, qu'ils en ont été les premières victimes, qu'ils ont concouru avec votre oncle à en amoindrir les effets, et que c'est à leur intervention aussi bien qu'à la vigueur et à la sagesse du premier consul, devenu peu après le premier empereur de votre dynastie, que la guerre entre les nations n'a pas continué à se compliquer de la guerre civile et de la guerre religieuse.

Établissons enfin qu'à la chute du colosse qui avait tenu en sa main les destinées du monde, bouleversé de fond en comble son système politique, effacé presque de la carte les vieilles monarchies en ne condescendant à les maintenir que pour s'en faire des instruments plutôt que des tributaires, qu'à cette chute les opprimés à peine rédimés de leur abaissement, ayant conscience des efforts et des sacrifices qu'ils avaient dû prodiguer pour renverser l'oppresseur, se réunirent dans une pensée identique, pensée de vie ou de mort suivant eux, et consistant dans la mise en commun de leur action, de leurs soins, de leur vigilance, pour empêcher à tout jamais, — ils s'en flattaient, les imprévoyants! — les retours des bouleversements dont ils avaient souffert, dont ils sortaient non meurtris mais sanglants, pour se ménager par l'appui réciproque, par une parfaite concordance de vues et de moyens, — espèce de garantie mutuelle née de la crainte, fondée sur la force, cimentée par le sentiment impérieux de la préservation individuelle, — un avenir assuré, sinon tranquille.

Les États du saint-siége firent retour à leur souverain, chargés de ces liens nouveaux, non exceptionnellement, mais selon la règle du nouveau droit politique, inauguré par la sainte-alliance, juré par l'Angleterre, par la Russie, par l'Autriche, par la France, par la Prusse, par tous les potentats secondaires qui gravitaient autour de ces astres principaux, autant dire à l'unanimité par le vieux monde.

Que fit le pape? C'était un homme de bien, Monseigneur, c'était Pie VII, et il avait pour ministre le cardinal Consalvi, qui, pour être homme de bien aussi, ne manquait ni de tact ni de clairvoyance. De retour au Vatican, il apporta dans son bagage la clémence et la paix, et, sans s'écarter des obligations contractées dans le synode des rois, il s'attacha à les remplir en maintenant ses sujets dans les bornes prescrites par la satisfaction qu'il donnait à leurs besoins, à leurs penchants.

Il y eut des conspirations en France et en Lombardie, il y eut une révolution en Espagne et à Naples, une tentative de révolution en Piémont. Il y eut des exécutions capitales, des emprisonnements, des proscriptions partout. Rome resta tranquille, immobile si vous le voulez, mais immobile dans le bien-être et dans la sécurité. Ce sont des faits contemporains dont vous avez été témoin, Monseigneur, dont vous avez profité ainsi que tous les vôtres; je me dispenserai donc d'en faire la preuve.

Si les rois s'étaient, par leur entente, par des lois sévères, par une répression excessive et souvent maladroite dans son inflexibilité, mis en mesure de s'opposer aux entreprises des partis avancés, ceux-ci, de leur côté, n'avaient pas été sans songer à leur conservation et au triomphe de leurs idées. L'humiliation ressentie par la France, une ambition dénaturée y aidant, les sectes purent étendre au loin leurs rameaux flexibles, se multiplier dans l'ombre et prorompre enfin ouvertement aux journées de 1830.

La révolution de Juillet, plutôt surprenante que digne de mémoire, avait facilement réussi à briser une seconde fois le trône de saint Louis et d'Henri IV; la sainte-alliance que les meneurs redoutaient était restée spectatrice inactive, quoique émue, de la brèche béante pratiquée dans ses murailles; la hardiesse se mit au cœur des assaillants, et, rassurés pour ce qu'ils avaient osé, ils se décidèrent à oser davantage et à marcher au donjon de la place, bien convaincus que, la citadelle enlevée, défenses et défenseurs en désarroi s'évanouiraient comme par enchantement.

Napoléon, à l'apogée de sa grandeur, avait pour grandir de plus en plus et pour consolider son agrandissement, tenté de se faire un instrument de la papauté. Frédéric de Prusse avait prévu ce rêve, de même que les conséquences de sa réalisation, et, selon la sagesse humaine, ses prévisions excellaient par leur justesse. Les sectes sentaient parfaitement que Napoléon s'était fourvoyé, que le roi Frédéric, toujours roi malgré son apparente philosophie, se contentait d'émonder à son profit les branches, mais ne voulait pas s'attaquer au tronc et surtout aux racines d'où dépendait sa puissance; elles se disaient que la papauté asservie aurait perdu ses propriétés essentielles, et qu'une fois la papauté modifiée, la société se précipitant dans l'abîme serait forcée de se mettre en quête d'une forme nouvelle qui pût la reconstituer. L'équerre et le niveau étaient prêts, ils ne demandaient qu'à agir; on se mit à l'œuvre, et en saisissant l'occasion d'un conclave, à un mot d'ordre, sur un signe, les Etats de l'Eglise furent bouleversés.

On sait ce qu'il advint. Les peuples restèrent indifférents à des provocations qu'ils ne comprenaient guère. L'Autriche, frappée sur ses frontières vulnérables, se précipita à la rescousse et le prenant à son début, éteignit l'incendie qui, faute de matières combustibles, brûlait lentement, hésitait à se propager.

Mais si la répression avait été prompte, si les événements avaient prouvé l'impuissance momentanée des éléments révolutionnaires, le danger n'était pas moins apparu, et sa présence n'avait pas moins réveillé les craintes, redoublé les méfiances, rendu leur verdeur aux engagements de 1815.

Pour le conjecturer, on eut recours alors à un expédient à double face. Publiquement on conseilla au nouveau pape des réformes radicales; en sous main on l'engagea à une résistance outrée : tristes mesures, pernicieux conseils d'une politique hybride qui, faute de courage ou de résignation, fortifiait ce qu'elle voulait abattre, élargissait, en la stimulant, la plaie dont elle voulait se débarrasser.

Grégoire XVI fut ferme, assez ferme pour se refuser aussi bien à des concessions contraires au sentiment qu'il avait de ses droits et de ses devoirs, à ce qu'il savait être l'esprit et le sens des traités, qu'à une répression exagérée et à une cruauté inconciliable avec son caractère. Il ne voulut pas franchir les limites de ses obligations soit dans un sens soit dans l'autre, et c'est par là peut-être qu'il ne parvint à satisfaire aucun des intérêts engagés dans le conflit.

Cependant, dans le cours de son règne assez long, les événements avaient progressé dans une effrayante proportion. Le travail révolutionnaire ne trouvant plus en France d'obstacle, soit dans la légitimité du trône, soit dans des lois préservatrices, y avait établi son quartier général. Les plans subversifs perfectionnés, les séductions prodiguées, les moyens multipliés donnaient aux chefs l'assurance d'un succès imminent auquel ne manquaient plus que les circonstances propices pour le réaliser.

Pie IX fut appelé au dangereux honneur de monter sur la chaire de Saint-Pierre, au milieu des signes précurseurs de l'orage. Un volcan bouillonnait à ses pieds prêt à faire éruption, la terre tremblait à l'entour, les éclairs sillonnaient les nuages amoncelés à tous les points de l'horizon. L'hésitation pouvait tout perdre, une résolution vigoureuse sinon tout sauver, du moins déplacer les situations en ce sens qu'en détruisant les prétextes, le bon droit serait passé du côté des dépositaires du pouvoir. Pie IX hésita d'autant moins qu'en se décidant à l'initiative, il savait n'être que le continuateur des traditions de l'Eglise, qui, en toutes choses et à tout âge, avait été constamment l'initiatrice des progrès de l'humanité, l'ouvrière de la civilisation.

## XX

Pourquoi, Monseigneur, en entretenant le sénat des opinions frivoles des Précigny, des Blancas, des Laval-Montmorency et des Damas, n'avez-vous pas réveillé en lui le souvenir des circonstances que je viens de résumer? pourquoi, par une comparaison impartiale des faits, par leur classement chronologique, n'avez-vous pas établi que, même dans des circonstances difficiles, imposées, indépendantes de son action, le gouvernement du pape a été, comme toujours, le plus doux, le plus éclairé et le moins intolérant de tous les gouvernements contemporains, et que c'est encore lui qui a montré l'exemple des concessions et des réformes, exemple non suivi par la France, repoussé par les rois du Nord, subi à regret et de mauvaise grâce par Naples, par la Toscane et par le Piémont? pourquoi n'avez-vous pas dit que l'idée de l'unité italienne a été ressuscitée et patronée par Pie IX, comme elle avait été conçue et patronée par ses prédécesseurs, comme elle avait été propagée et défendue par tous les « grands hommes de l'Italie depuis le XIIIe siècle, » c'est-à-dire l'unité par la confédération entre les diverses parties, par la confédération d'Innocent III, des ligues lombardes et toscanes, de Rienzi, de Dante, de Machiavel, de Guicciardini, etc., qui, pour quiconque sait les lire et les comprendre, n'ont pas tenté et dit autre chose; par la confédération, seule forme d'unité conciliable avec les lois de la justice, avec les mœurs et l'histoire des peuples qu'il convient de réunir?

Il y a eu des fautes, sans doute, commises de 1814 à 1848; mais ces fautes, pour ne parler que de l'Italie, le Piémont, votre idole, a à se les imputer plus lourdes que ne le sont celles du saint-siége; et pourquoi les reprochez-vous à celui-ci si vous les pardonnez à l'autre? pourquoi Charles-Albert, qui a suivi l'impulsion du Vatican, reçoit-il dans son fils les hommages de votre admiration, et pourquoi le Vatican est-il en butte à vos suppositions erronées, à vos équivoques, à vos sarcasmes?

Vous avez parlé de Chateaubriand! acceptez-vous les jugements qu'il a prononcés rétroactivement sur l'empire, comme vous acceptez ceux qu'il a portés hypothétiquement sur l'avenir réservé au pouvoir pontifical? Chateaubriand jouissait donc d'un critérium de deux espèces, excellent quand, par hasard, il abonde injustement dans votre sens; mauvais, quand de propos délibéré, il vous est tout aussi injustement contraire?

Vous avez parlé de M. de Lamartine écrivant en 1847, à la veille des banquets, à l'avant-veille de la république socialiste de février, le lendemain de la publication de son histoire des Girondins! Sachez-le bien, Monseigneur, toutes les fois que vous citerez M. de Chateaubriand et M. de Lamartine comme exemples d'honnêteté privée, pour l'élévation de leurs talents littéraires, le monde entier s'inclinera et applaudira avec vous des deux mains. Toutes les fois que vous aurez recours à eux pour appuyer vos théories politiques, chacun lèvera les épaules et sera forcé de sourire.

Eh quoi! Chateaubriand qui, partisan convaincu des droits des Bourbons, était persuadé qu'il s'employait à leur défense, lorsque en les critiquant, en frondant tout ce qui ne venait pas de lui, qui n'était pas lui, il s'acharnait, sans s'en apercevoir, à leur perte, serait-il le docteur sur la foi duquel on condamnerait un gouvernement qu'il ne connaissait pas, qu'il ne pouvait pas connaître, qu'il n'entrevoyait qu'à travers les prismes de son immense amour-propre, de ses aspirations libérales doublées d'absolutisme, de ses préjugés bretons, de ses doctrines hermaphrodites?

Eh quoi! M. de Lamartine, flottant entre la légitimité et la démocratie, faisant éclore une république en haine de l'usurpation, plaçant en Arcadie, la houlette au poing, les pipeaux à la bouche, les hommes du XIXe siècle, et exposant noblement sa poitrine à la défense du drapeau tricolore sans avoir conscience que sous le souffle de ses paroles ce drapeau si chéri, si vanté, si bien défendu, changeait de couleur et se transformait en drapeau rouge, M. de Lamartine serait le juge et un juge infaillible de ce qu'il y a de plus vénéré, de plus respectable sur la terre, du vicaire du Christ et de la conduite de la papauté!

Vous avez été cruel, Monseigneur. Chateaubriand est mort, laissez donc ses cendres jouir en paix du sommeil qu'elles dorment au bord de l'Océan. M. de Lamartine s'épuise en efforts sublimes pour rester ce qu'il est, un cœur honnête et un grand cœur; n'allez pas, en recueillant une parole imprudente échappée, Dieu sait comment et quand, de sa plume, aggraver les peines que lui font une patrie ingrate et les souvenirs de sa vie.

MM. de Précigny, de Blacas, de Laval-Montmorency, de Damas, de Chateaubriand et de Lamartine, fussent-ils ce qu'ils ne sont pas, eussent-ils eu raison en médisant, comme ils ne l'ont pas eu, ne feront jamais que Pie IX n'ait pas été au-devant des réformes, ne feront jamais que ces réformes n'aient pas été beaucoup plus larges que celles que l'autorité impériale, sanctionnée par le suffrage universel, a jugées suffisantes à assurer le bonheur des Français, ne feront jamais que la démagogie, poussée par le maçonisme, par le carbonarisme, par le socialisme et autres doctrines de nature analogue, n'ait répondu à ce bienfait par l'insulte et la révolte, par le coup de poignard qui a lâchement tranché les jours du malheureux Rossi. Pourquoi n'avez-vous pas parlé de cela ? Je vais vous le dire.

Vous n'avez pas parlé de l'assassinat de M. Rossi parce que le sang de ce juste retombait de tout son poids sur la tête de ceux que vous vouliez exalter.

Vous n'avez pas parlé de la constitution octroyée par Pie IX parce qu'il vous fallait, ou votre discours aurait été un non-sens, le représenter repoussant, et repoussant de parti pris, toute idée de conciliation ; vous n'en avez pas parlé pour vous ménager un moyen oratoire, pour qu'il fût possible de vous adresser aux mauvaises passions de la France et de lui dire :
» On abuse de tes sentiments catholiques, on
« abuse de ta bienveillance pour te placer dans
« cette situation cruelle qui est pour toi le bran-
« don de la discorde. Marche ; la cour de Rome
« cède devant la nécessité, mais en dehors de la
« nécessité, jamais. Ce *non possumus*, qui a
« bien quelque chose de grand, il faut savoir le
« comprendre... Elle attend ! c'est là son pou-
« voir, c'est là sa force ! Pourquoi ?... Elle se
« dit : Maintenons le *statu quo*, favorisons l'agi-

« tation italienne ; il viendra un temps où l'état
« actuel des choses ne pourra plus durer, et alors,
« dans la tempête, après avoir battu l'Italie, la
« France, peut-être une armée étrangère pourra
« me rendre mes États. Il n'y a pas d'illusion à
« se faire, c'est l'attente de l'Autrichien qui
« maintient la cour de Rome dans ses résistances
« inébranlables. »

Y avez-vous réfléchi? avez-vous réfléchi que vos accusations étaient l'apologie de la prudence que vous vouliez flétrir, du principe que vous vouliez perdre? avez-vous réfléchi qu'au point de vue de l'histoire, de l'expérience du passé, vous prépariez les armes destinées à vous terrasser?

La cour de Rome attend! Oui, elle attend, comme, pour ne pas sortir du cadre dans lequel vous vous êtes enfermé, elle a attendu depuis Louis XIV ; non pas dans l'espoir de je ne sais quelles chances frivoles, supposées gratuitement par vous, mais dans la certitude d'une aide qui ne saurait pas lui manquer de nos jours, de même qu'elle ne lui a pas manqué dans des temps bien autrement difficiles.

Jugez-en plutôt par vous-même : les faits ont leur éloquence; permettez-moi de les invoquer.

# XXI

Louis XIV, dans l'emportement du jeune âge, enivré de la fumée de l'encens qu'on brûlait à flots autour de son trône, s'était cru tout-puissant. Roi par droit de naissance, il s'imaginait que rien ne devait résister à sa volonté royale, que la religion et le peuple étaient pour et par le roi, et non pas le roi pour et par la religion et le peuple. Donc il osa tout, et, en ce qui concerne mon sujet, il empiéta sur les droits du saint-siége, recourant à la force pour braver ce qui lui semblait faible, pour tout bouleverser dans les doctrines et dans la discipline ecclésiastiques.

Il réussit de prime abord, il provoqua presque un schisme, il sépara presque la France de la communion catholique, et parce que le saint-siége résistait, — c'était son droit et son devoir, — il envahit ses domaines, il l'insulta dans sa capitale, il s'attira les éloges du parlement et mérita ceux de Voltaire ; nous l'avons vu.

Les papes, alors comme aujourd'hui, souffraient, laissaient faire ce qu'ils ne pouvaient pas empêcher, et ils attendaient. « Ils viennent avec des chevaux et des chariots, disait Innocent XI, mais nous voulons marcher dans la voie du Seigneur. » Et cette confiance ne fut pas trompée. Le salut arriva au saint-siége par la main de ses ennemis ; les protestants furent obligés de coopérer à ce que Louis XIV fléchît le genou devant la papauté. Le clergé de France se rétracta, s'humilia ; les quatre fameux articles furent annulés ; les ordonnances royales déchirées par la main du roi qui les avait signées, les provinces envahies rendues. Le saint-siége avait attendu, et il n'avait pas attendu en vain.

Charles III d'Espagne, Louis XV de France, Joseph de Portugal, l'enfant couronné de Naples et le faible Ferdinand de Parme, enlacés dans un réseau de machinations perfides, commirent les fautes si bien définies par M. de Choiseul ; ils menacèrent, ils déployèrent un grand luxe d'insultes, de rudesse et de violence ; ils saisirent Avignon, Bénévent, Pontecorvo ; ils échelonnèrent des troupes aux frontières des Etats de l'Eglise ; ils en massèrent dans les ports, prêtes à s'embarquer et à se livrer aux dernières extrémités ; ils hâtèrent la mort de Clément XIII ; ils allèrent si loin dans leurs attaques et dans leur aveuglement, qu'ils s'attirèrent les sarcasmes du grand Frédéric et la réprobation de la secte philosophique.

Les papes, alors comme aujourd'hui, souffraient, laissaient faire ce qu'ils ne pouvaient pas empêcher, et ils attendaient. « Je mets ces « représailles, ainsi que les menaces qui les ont « précédées, disait Clément XIII, au pied de « mon crucifix. » Et cette résignation reçut sa récompense. Les biens enlevés revinrent peu après à l'Eglise, les torts furent réparés, l'ordre fut rétabli. Le saint-siége avait attendu, et il n'avait pas attendu en vain.

Joseph II d'Autriche, dont le caractère s'exaltait des fumées d'un prodigieux orgueil, « insou« cieux de savoir si l'évêque de Rome était poli

« ou malhonnête, » entreprit les réformes que l'on sait. Lui aussi, s'il ne se donna pas le ridicule de lancer ses soldats contre des poitrines désarmées, il n'oublia rien de ce qui pouvait porter atteinte aux droits imprescriptibles de l'Eglise ; rien de ce qui pouvait blesser, amoindrir, humilier le souverain et le pontife, jusqu'à permettre à un de ses favoris de manquer grossièrement aux règles de la simple bienséance.

Faut-il répéter que la patience et l'attente furent encore une fois les boucliers dont se couvrit la papauté? faut-il répéter que la patience et l'attente furent encore une fois récompensées par les événements? aux insultes d'un Kaunitz, aux petitesses impériales vinrent faire un éclatant contraste les hommages du roi de Prusse; à la négation des droits de l'Eglise, leur confirmation et leur exaltation par l'empressement de ce même roi, — un grand homme, incontestablement, et, qui plus est, un roi protestant, — à voir confirmer son titre royal par le vicaire du Christ; enfin, à la suffisance puérile, à l'insolence des formes, aux attentats des actes du fils de Marie-Thérèse, succédèrent bientôt l'humiliation, la repentance, la rétractation et la réparation, lorsque en proie aux malheurs qu'il avait provoqués, pour réduire ses peuples révoltés, il n'eut de recours que dans la miséricorde et dans l'intervention de l'autorité spirituelle du successeur de saint Pierre.

Vous n'avez pas manqué, vous ne pouviez pas manquer de faire grand bruit du traité de Tolentino, triste souvenir que vous vous seriez abstenu d'évoquer si vous aviez connu la signification de ce traité, les circonstances qui en accompagnèrent la conclusion et qui en suivirent l'exécution. Soit pourtant. La papauté agonisait lorsqu'elle subissait ce traité en 1797; elle était tuée par la main de Berthier en 1798; c'est ainsi que l'avait jugé et décrété le Directoire de la république française; mais, étonnant prodige! plus vivace que jamais, cette même papauté se retrouvait, en 1800, en possession de ses Etats, et peu de temps après, elle, la vaincue, la décrétée de mort, condescendait à renouveler à Paris le sacre de Pépin au profit de celui qui avait chassé à coups de crosse les directeurs de leurs siéges et effacé, par ses victoires et par ses bienfaits, la république française du territoire de la France. Au milieu de ces crises, la papauté avait, comme toujours, attendu, et, comme toujours, vous le voyez, elle n'avait pas attendu en vain.

Enfin, l'épopée impériale se déroule, mais je n'en dirai rien, parce que je veux respecter même les égarements de l'homme à qui notre âge sera redevable d'être aussi glorieux pour nos enfants que le sont, pour nous, les époques où vécurent Alexandre, César et Charlemagne. D'ailleurs qui peut ignorer qu'à la volonté absolue, inflexible de Napoléon, la papauté opposa son attente, sa résignation, sa fermeté traditionnelles, et que fermeté, résignation et attente ne furent pas opposées en vain?

Est-ce tout? Encore un mot et j'ai fini. J'ai indiqué ce que devint la papauté en face de ses persécuteurs; il me reste à indiquer ce que ces persécuteurs sont devenus en face de la papauté.

## XXII

Les royautés des Bourbons ne sont presque plus, et pourtant ils avaient racheté leurs fautes par les souffrances d'un martyr.

La maison de Bragance s'est fondue dans le sang des Cobourg, elle n'est plus.

La maison d'Autriche, moins coupable et plus vite revenue à résipiscence, est encore, mais éprouvée rudement, renversée presque pour un temps, relevée peu après, mais relevée affaiblie et chancelante.

Les marches du palais de Fontainebleau, foulées la veille par les pas des gardes entourant Pie VII injurié et captif, l'ont été le lendemain par les pas de celui qui avait armé et fait mouvoir ces gardes. Il dut les descendre, dépouillé de sa toute-puissance, pour aller mourir assassiné sur l'écueil de Sainte-Hélène en passant auparavant par celui de l'île d'Elbe.

C'est étrange, n'est-ce pas? Et que faut-il en penser? Un théologien répondrait que la main de la Providence se montre à découvert dans cette série non interrompue d'erreurs et de châtiments. Un démagogue y verrait la marche du progrès, l'accomplissement de la destinée des peuples ou je ne sais quelles autres merveilleuses utopies. L'homme politique, le philosophe, n'aura pas recours à l'intervention directe de Dieu, chassera bien loin de lui les propos de la démagogie, et vous dira, Monseigneur, ce que, après l'avoir entendu, vous ne voudrez peut-être plus oublier.

# XXIII

La société qui a remplacé en Europe celle de l'empire romain et du paganisme, est fondée sur les préceptes de la religion du Christ. L'individu, la famille, l'Etat, la propriété particulière et générale, les lois civiles et criminelles, les rapports de nation à nation, sont liés à la religion chrétienne, ne font qu'un avec elle, de telle sorte que l'homme, séparément et collectivement, se confond avec le christianisme, comme le christianisme se confond avec l'homme. L'humanité est le corps, le christianisme est l'âme, et le saint-siége, placé au sommet de l'une et de l'autre, les relie, les éclaire et les maintient. Quand un choc imprévu frappe un de ces principes, les autres s'en ressentent, souffrent, s'agitent et réagissent. Les innovations qui influent sur le sort des humains, si elles ne contredisent pas aux lois religieuses qui, ainsi que je viens de le dire, sont en connexion parfaite avec les lois sociales, si elles ne nuisent pas à la sécurité de l'autorité qui les interprète, les applique et les fait respecter, constituent le progrès ; celles qui portent atteinte à ces lois et à leurs gardiens provoquent le trouble, aboutissent au marasme, amènent les révolutions. Alors la vague bondit et soulève les impuretés que, dans sa furie, elle arrache du fond ; mais bientôt la force d'équilibre exerce son action, reprend le dessus, le calme se rétablit, la boue se dépose ; seulement, les insensés qui, voulant se faire un moyen de la tempête, l'ont excitée, disparaissent ou gisent meurtris par elle ; les sages qui, attachés à leurs devoirs, n'ont pendant la tourmente ni dévié ni tremblé, restent ce qu'ils étaient auparavant, deviennent plus grands peut-être parce que l'expérience a rendu évidents à la multitude les maux qu'ils avaient annoncés et qu'elle aurait pu éviter en écoutant leurs avis et leurs prévisions. Et ce sera toujours ainsi, car les mêmes causes, sentiments, intérêts, passions, penchants instinctifs, produiront toujours les mêmes effets, et les sophismes et les illusions ne pourront pas prévaloir contre la raison et la réalité.

C'est pourquoi, lorsque je vous ai entendu vous écrier : « La révolution, c'est nous, » je me suis senti pris au cœur d'une commisération profonde. En prononçant cette définition funeste, vous avez prononcé votre sentence de proscription, vous vous êtes inscrit de propos délibéré dans le nombre des victimes destinées à périr. Heureusement pour vous, Monseigneur, et pour le repos du monde, vous avez encore une fois péché par inexactitude, vous vous êtes mis encore une fois en contradiction manifeste avec la vérité consacrée par l'histoire.

Je ne connais pas, je ne veux pas connaître vos aspirations et vos visées, et, pour votre honneur, j'aime à espérer que, modelées sur les impressions du moment, celles qui apparaissent en vous ne sont pas bien déterminées ou que vous les ignorez vous-même ; mais je connais la cause de l'élévation de votre race et du retour de son élévation.

L'empire des Bonaparte est la protestation la plus éclatante de l'ordre contre le désordre ; Napoléon Ier, Napoléon III personnifient la CONTRE-RÉVOLUTION ; c'est là leur légitimité, et cette légitimité est sainte, et cette légitimité restera inébranlable tant que celui qui occupe le trône ne reniera pas son origine, c'est-à-dire tant qu'il préservera la société de l'anarchie et la religion des atteintes des misérables acharnés à sa perte.

Du reste, je ne m'étonne pas de la confusion qui s'est glissée dans votre esprit. Nous sommes à un moment où les mots se prennent à rebours. Il s'ensuit que celui de « révolution » a pu parfaitement représenter pour vous la même idée que j'entends exprimer lorsque je dis « contre-révolution. » Ceci n'est pas nouveau. Thucydide, aux jours de la guerre du Péloponèse, d'autres dans des temps plus rapprochés, ont signalé l'existence d'un phénomène analogue. Si je m'arrête au premier, c'est qu'il sera curieux de remarquer comme, au delà de vingt siècles de distance, un écrivain républicain s'avisait de faire entendre des observations qu'on dirait avoir été inspirées par le spectacle que donnent certaines monarchies aujourd'hui.

« Dans le cours de cette fatale guerre (déplore-t-il, lib. III, cap. LXXXII), il se fit un tel renversement dans les idées et dans les principes (j'abrége le texte), que les mots les plus connus changèrent d'acception, qu'on donna le nom de duperie à la bonne foi, d'adresse à la duplicité, de faiblesse et de pusillanimité à la prudence et à la modération, tandis que les traits d'audace et de violence passaient pour des saillies d'une âme forte et d'un zèle ardent pour la cause commune, » il en conclut « qu'une telle confusion dans le langage « est peut-être un des plus effrayants symptômes « de la dépravation d'un peuple. »

Victor-Emmanuel, M. de Cavour, les instruments qu'ils ont mis en mouvement et qui, gonflés de leur nullité prétentieuse, s'épuisent en verbiages boursouflés et ronflants, à qui en appelleront-ils de ce jugement prophétique?

Tu quoque fac timeas, et quæ tibi læta videntur,
Dum loqueris fieri tristia posse puta.

## XXIV

Je me résume. Des humbles remarques que j'ai pris la liberté de vous soumettre, il résulte :

1° Que le blâme que vous avez prétendu faire ressortir, contre le pouvoir temporel du saint-siége, des dépêches diplomatiques antérieures à 1789, repose sur ce que je me suis contenté d'appeler une équivoque. Dans ces dépêches, il n'est point question du pouvoir temporel, ou, s'il s'y trouve une allusion fortuite à ce pouvoir, elle tourne à son avantage, elle va à l'encontre de votre thèse ;

2° Que les documents du premier empire choisis par vous entre mille, contribuent à prouver que l'opinion publique se déclarait alors, comme à présent, contre les violences exercées sur le pape ; que, malgré sa toute-puissance, et quoi que vous en ayez dit, Napoléon pliait devant cette réprobation unanime et tentait de la ramener en faisant le simulacre de délibérer avec maturité en 1810 sur ce qu'il avait exécuté en 1808 et en 1809, en mettant dans la bouche de ses agents la justification de sa conduite, justification qu'il leur dictait et qui consistait, non pas à démontrer, — démonstration impossible, — la droiture et la légitimité de ce qu'il avait fait, mais à noircir sa victime ;

Que l'incompatibilité du double pouvoir était si peu dans la pensée de l'empereur, que toutes ses actions n'avaient visé, de son aveu, qu'à le réunir dans sa personne, et que c'est dans la grandeur et dans l'utilité de cette idée politique qu'il allait chercher une excuse à l'odieux de son attentat, odieux qu'il reconnaissait et dont, comme officier et comme homme privé, il n'aurait pas consenti à se déshonorer ;

3° Que les commérages des diplomates qui ont critiqué le gouvernement pontifical après sa restauration, ne sont d'aucun poids, d'abord eu égard aux personnes de qui ils émanent, ensuite parce que les conditions imposées par des traités solennels traçaient à tous les souverains une règle de conduite dont ils ne pouvaient pas s'écarter et sous l'empire de laquelle, dans certains cas prévus, ils n'étaient pas libres de se mouvoir ; enfin parce que, la situation étant donnée, il constate des faits que le gouvernement du saint-siége, contrairement à la conduite des autres gouvernements, a su concilier avec ce qu'il devait aux obligations contractées, aux soins de sa préservation, l'humanité et la douceur propres à procurer le bien-être et la tranquillité de ses sujets ; parce que lorsque les circonstances ont semblé le permettre, c'est encore ce gouvernement qui a pris l'initiative des concessions et s'est montré empressé d'aller, non pas au-devant des vœux les plus hardis, mais de les dépasser au point que s'il y a un reproche à lui faire, c'est d'avoir trop présumé de la modération et de la reconnaissance des ingrats sur lesquels il répandait ses bienfaits.

Des imputations hasardées, des définitions inexactes répandues dans votre improvisation étudiée « depuis longtemps, » sont venues m'offrir l'opportunité de faire justice des affirmations calomnieuses qu'on ne cesse de répéter, des contre-vérités dont on assourdit les oreilles du public.

Le saint-siége ne s'obstine pas dans un but d'intérêt personnel, quoique ce but, après tout, fût des plus légitimes.

Gardien des principes qui sont inscrits dans les croyances qu'il représente, sur lesquels repose, non pas l'ordre, mais l'essence de la société telle qu'elle est constituée pour le plus grand avantage moral et matériel des hommes, il ne veut pas transiger avec des doctrines qui en sont la négation, il ne veut pas accepter et sanctionner en l'acceptant l'application inique qu'on en fait, et il le voudrait qu'il ne le pourrait pas sans se transformer, sans se perdre, sans envelopper dans sa perte les destinées sociales, le présent et l'avenir de l'humanité.

Ferme dans sa mission sainte et préservatrice, il attend, non pas en basant son attente sur les calculs chanceux d'une politique subtile et ténébreuse que vous avez à bon droit flétrie, mais sur la foi des promesses d'une autorité infaillible, d'une autorité qui a pétri l'univers et en a disposé les rouages, en sorte que par leur mouvement naturel ils produisent les effets qu'elle a et prédits et coordonnés. Le saint-siége attend, fort de l'expérience des événements passés, fort de la certitude que le règne du mal ne dure qu'un instant, que la tête des méchants ou tombe sous les coups du fer qu'ils ont aiguisé, ou se courbe domptée par le malheur et le repentir.

En rectifiant vos déclarations erronées, j'ai pu, Monseigneur, et c'est avec bonheur que je me suis emparé de cette possibilité que vous m'avez ménagée, j'ai pu faire valoir que l'élévation de votre famille est le témoignage frappant de l'intervention de la Providence dans les événements provoqués par le libre arbitre de l'homme, lorsqu'ils dévient et tendent à troubler l'harmonie des lois qui règlent et préservent la société.

Appuyé sur des faits qui sont à la connaissance de tous, j'ai constaté que cette élévation trouve sa raison d'être dans la victoire remportée par l'ordre sur le désordre, qu'elle la personnifie, qu'elle en est la conséquence.

L'entraînement de la discussion vous avait fait méconnaître le meilleur titre de gloire de votre race et de la légitimité de sa couronne; je l'ai rétabli, et en lui rendant ce qui lui est dû, j'ai rassuré ceux qui auraient pu s'être émus à la menace d'un nouvel incendie, menace renfermée dans le contre-sens historique dans lequel, sans le vouloir sans doute, vous êtes tombé.

Comme conclusion de cette longue causerie,

permettez, Monseigneur, qu'au risque d'encourir la tache de pédantisme, je recommande à votre prud'homie ce passage de Quintilien ; vous le trouverez dans le chapitre Ier du XIIe livre de ses *Institutions*. C'est un langage qui s'explique de lui-même et qui peut se passer de tout commentaire : « Si vis illa dicendi malitiam instruxerit, nihil sit publicis privatisque rebus perniciosius eloquentia... Rerum ipsa natura, in eo quod præcipue indulsisse homini videtur, quoque nos a ceteris animalibus separasse, non parens sed noverca fuerit, si facultatem dicendi sociam scelerum, adversam innocentiæ, hostem veritatis invenit. Mutos enim nasci, et egere omni ratione satius fuisset, quam Providentiæ munera in mutuam perniciem convertere (1). »

(1) Si l'art de bien parler servait à une mauvaise fin, rien plus que l'éloquence ne serait funeste aux choses publiques et privées.... La nature, par le don même par où elle l'a particulièrement distingué du reste des animaux, aurait traité l'homme plus en marâtre qu'en mère, si elle l'avait doué d'un talent qui ne servirait qu'à protéger le crime, à opprimer l'innocence et à combattre la vérité. Il vaudrait beaucoup mieux pour l'homme qu'il fût destitué de la parole et même de la raison, que d'avoir la faculté de les employer à un usage si pernicieux à ses semblables.



Paris. — Imp. W. REMQUET, GOUPY et Cie, rue Garancière, 5.

www.ingramcontent.com/pod-product-compliance
Lightning Source LLC
LaVergne TN
LVHW020338230826
846091LV00003B/921

*9782011753618*